生活日常

古人的 54 个

朝文社老张 —— 著

图书在版编目（CIP）数据

古人的54个生活日常 / 朝文社老张著. -- 北京：新世界出版社，2023.8（2024.10重印）
ISBN 978-7-5104-7674-7

Ⅰ.①古⋯ Ⅱ.①朝⋯ Ⅲ.①社会生活－中国－古代 Ⅳ.①K207

中国国家版本馆CIP数据核字（2023）第105907号

古人的54个生活日常

作　　者：	朝文社老张
责任编辑：	周　帆
责任校对：	宣　慧　张杰楠
责任印制：	王宝根
出　　版：	新世界出版社
网　　址：	http://www.nwp.com.cn
社　　址：	北京西城区百万庄大街24号（100037）
发 行 部：	(010)6899 5968（电话）　(010)6899 0635（电话）
总 编 室：	(010)6899 5424（电话）　(010)6832 6679（传真）
版 权 部：	+8610 6899 6306（电话）　nwpcd@sina.com（电邮）
印　　刷：	嘉业印刷（天津）有限公司
经　　销：	新华书店
开　　本：	880mm×1230mm　1/32　尺寸：145mm×210mm
字　　数：	190千字　印张：8
版　　次：	2023年8月第1版　2024年10月第3次印刷
书　　号：	ISBN 978-7-5104-7674-7
定　　价：	50.00元

版权所有，侵权必究

凡购本社图书，如有缺页、倒页、脱页等印装错误，可随时退换。
客服电话：(010)6899 8638

〔宋〕苏汉臣 《货郎图》

［元］佚名　《耕稼图卷》（局部）

〔宋〕李唐 《村医图》

〔宋〕佚名　《槐荫消夏图》

[元] 钱选 《扶醉图》

〔明〕佚名 《仕女图》

〔明〕仇英 《竹院品古图》

〔清〕佚名 《柳荫品茶图》

[宋]王居正 《纺车图》（局部）

[五代] 佚名 《闸口盘车图》（局部）

[清]徐扬 《姑苏繁华图》(局部)

〔明〕徐渭 《驴背吟诗图》（局部）

序

天地不仁，以万物为刍狗；圣人不仁，以百姓为刍狗。

——《道德经》

中华上下五千年有着浩如烟海的历史，绝非区区"二十四史"可以囊括的。可以说，每个百姓的一生，都是一本历史书；"二十四史"加上无数百姓的一生，才是完整的中国历史。

普普通通的老百姓与历代的帝王将相一样，都不应该被历史忽视。因为正是这些看似不值一提的芸芸众生，创造了无数奇迹。万里长城、秦始皇陵、京杭大运河、紫禁城、都江堰……都是由无数劳动人民的智慧和血汗凝结而成的。

他们，不该被历史忘记。

而想要还原这些有血有肉的劳动人民，单单从"二十四史"中寻找踪迹是不会收获太多的，因为那里记载的都是帝王将相、皇室纷争、政治权谋、才子佳人。

但好在，我们还有各种文物可考，还有各地地方志可查，还有各朝文人所著杂记可读。还好，我们还可以拼凑出古人的一日餐食怎么吃，一年时令节气怎么过，一生辛劳忙碌怎么活。

当然，古人的日常生活涉及之事琐碎繁杂，非几十件之多，甚至也不止百件，若方方面面都谈到，怕是要卷帙浩繁，令人目不暇接。因此，本书选择古人的54个日常生活细节，既不会太少以致无法充分展现古人生活面貌，又不至于太多而使人阅读起来心有负担。

希望本书解答的这54个问题，能让读者对古人的生活略知一二。更重要的是，希望读者可以意识到，历史从来都不只是宏大叙事，历史还包括芝麻绿豆的生活小事。

有时候，正是这些不起眼的小事，决定了一个时代的最终走向和一个王朝的历史结局。

以小见大，见微知著，才是读史的正确打开方式。

目 录

一 居家篇

无论是对古代人还是对现代人来说,"安居"都是生活中的一件大事。努力打造一个安全、舒适、方便的家,也成了古人日常生活中的重要内容。

1. 古人怎么"安家"   002
2. 古人怎么建房   007
3. 古人都用纸糊窗户吗   011
4. 古人怎样防火   015
5. 古人用什么做饭   019
6. 古人为何偏爱硬质的玉枕和瓷枕   023
7. 古代女子多久洗一次澡   026

8. 古人怎么消暑　　　　　　　　029
9. 古人怎么取暖过冬　　　　　　034
10. 古人能挖地窖避寒吗　　　　　039

二　饮食篇

"民以食为天",饮食技术的不断发展,大大提升了人们的生活质量。从食材到烹饪技巧,从白开水到酒水,在古人大快朵颐的饮食文化中,也展示了中国古代不同时期的社会生产力水平。

11. 古人一天吃几顿饭　　　　　　044
12. 古人一般吃什么肉　　　　　　048
13. 古人用作料烹饪肉食吗　　　　051
14. 古人怎么吃烧烤　　　　　　　054
15. 古人烤面包吗　　　　　　　　058
16. 古代有快餐吗　　　　　　　　062
17. 古人喝开水吗　　　　　　　　065
18. 古人酒量很大吗　　　　　　　069
19. 古人怎么监管食品卫生　　　　073

三　衣饰篇

爱美是人之天性，不但现代人爱美，古代人也爱美。古人在穿衣打扮和衣饰礼仪中有很多有趣的故事。

20. 古人在袖子里藏东西不会掉吗	078
21. 古人为何经常在公共场合脱鞋	081
22. 古人如何"变美"	085
23. 古代女子怎么涂口红	090

四　民俗篇

在古人的日常生活中，有着很多独有的传统文化与规矩观念，这些文化的演进甚至还影响了一些动物在人们心目中的地位，可谓十分有趣。

24. 古代有哪些门神	096
25. 古人为何贴"福"字	099
26. 古人真的认为"天圆地方"吗	103
27. 古人怎样看月球	108
28. 古人怎么认识电	112

29. 古代狮文化是怎么兴起的   116
30. 古人是如何对待驴的   122
31. 古人如何鼓励生育   132
32. 古人为什么要"厚嫁"   135

| 五 | 民生篇 |

稳定的治安环境、良好的医疗条件，是人们得以安居乐业的重要保障。在古代，人们也十分重视治安与医疗，并制定了相关的政策条例。

33. 古代为什么要宵禁   140
34. 古代晚上为什么要打更   144
35. 古代关闭城门后怎么出城   148
36. 古人怎么看病   153
37. 古人怎么控制疫情   157
38. 古人怎么处理城市卫生   161
39. 古代也盛行火葬吗   165
40. 古人能开荒种地吗   169
41. 古人可以靠捕鱼打猎度饥荒吗   174

六　经济篇

经济基础决定上层建筑，了解古代货币的流通规则，是了解古人日常生活的底层逻辑。

42. 古人用什么钱	180
43. 古代银子值钱吗	183
44. 古人怎么上班	188
45. 古人怎么领工资	192
46. 古人有年终奖吗	197
47. 古代为什么要抑商扶农	200
48. 古人怎样做广告	204
49. 古人怎么做促销	209

七　治安篇

管子曰：君臣上下贵贱皆从法，此谓为大治。自古以来，法律都是保障社会稳定的强有力的手段。

50. 古人怎么处理杀人案件	214

51. 古代如何防范冤假错案　　　　218
52. 古代为什么要签字画押　　　　222
53. 古代如何保护见义勇为　　　　226
54. 古人怎么管理流动人口　　　　230

一　居家篇

无论是对古代人还是对现代人来说，"安居"都是生活中的一件大事。努力打造一个安全、舒适、方便的家，也成了古人日常生活中的重要内容。

1. 古人怎么"安家"

01

想要"安家",首先要有一个"家"。除了祖上有宅子无须另置的人以外,想"安家"就离不开房屋交易。与今天一样,房屋交易少不了"中介",也就是房产经纪人。在中国各个城市的档案馆里,清朝、民国的房地产契证并不少见,也很容易找到所谓"经纪人"的名字,只不过,当时社会对他们的称呼是"房牙"。

房牙这个称谓是从"牙商"延伸而来的。汉朝时,人们将这种撮合买卖的中间人叫"节驵侩","侩者,会合两家交易者;驵者,其首率也",而"侩"这个字,后来就逐渐发展为"市侩"这一贬义词,用来形容唯利是图、庸俗可厌的人。

《南齐书》里记载了这样一个故事:南齐有个人叫崔慰祖,想卖掉自家的房子,就找了个中介。中介问:"您这套房想卖多少钱?"崔慰祖说:"45万。"中介问还能往下降一降吗?崔慰祖不同意,中介就说,那到时候,你跟买主说这套房卖46万,多卖的那

1万归我。崔慰祖回答说"是即同君欺人，岂是我心乎"，正气凛然地表示合伙骗人不应是自己的所作所为。

02

到了唐朝，房产经纪人有了正式的名称，就是房牙。唐朝的经纪人多被称为牙郎或牙人，因为干这一行的，多从事牛马等牲口交易，所以必须得是识别牲口年龄的高手，只要瞧一瞧牲口嘴里的牙齿，对牲口的价格就了然于胸。于是，"牙郎"慢慢成了吃中介这碗饭的人的统称。

唐朝最有名的牙郎是安禄山和史思明。据《旧唐书》记载："（安禄山）解六番语，为互市牙郎……（史思明）又解六番语，与禄山同为互市牙郎"，可见，二人最早是在边境从事马匹交易的经纪人，后来通过语言优势才从经纪人转变为职业军人。

唐朝明令禁止一般性的田产交易，不过寺庙田产的买卖不在监管范围之内，现今遗存的唐朝文献中，就有不少关于寺庙田产的交易记录。

古代房牙行业的春天，要等到五代十国乃至北宋初年。

03

五代十国时的后唐皇帝唐明宗下令，"如是产业、人口、畜乘交易，须凭牙保。如有故违，关联人押行科断"，就是说如果有谁买卖房屋、买卖奴隶、买卖牲口，必须让牙人经手，违反规定的会被送到相关的牙人协会接受处罚。之所以这么规定，是因为交易只有通过牙人经手，政府才能收取契税，私人交易政府收不到钱。

这一政策延续到宋朝，力度就更大了。《宋刑统》规定"田宅交易，须凭牙保，违者准盗论"，就是说买卖房子和土地，必须由牙人经手，否则就按偷盗论处。处罚盗贼是按赃计罪，比如偷的东西值一尺布，打二十大板；如果值五十尺布，劳改一年。想想房子多值钱，按宋朝这种法律，谁买卖房产要是胆敢不找牙人经手，那打板子能把屁股打烂，坐牢能把牢底坐穿。

根据宋人李元弼《作邑自箴》的记载，宋朝的牙人是有行业准入制度的，政府会颁发类似于营业许可的身份木牌，牌上写明姓名、籍贯、从事行业，就像如今房地产经纪人佩戴的标牌。

不过宋朝买卖房产，实际操作起来要比现代复杂得多，因为当时卖房有一个"先问亲邻"制度。宋朝在进行房地产交易时，首先要询问亲属有无购买意愿，随后要依次询问房宅东、南、西、北四个方向的邻居，只有亲属和邻居都正式确认无购买意愿后，才轮到真正的购买者。

古代中国是宗族社会，尤其在同姓之人构成的社群中，田宅外售相当于是宗族财产的流失，卖方"先问亲邻"也是为维护宗族利益所采取的手段。

04

到了明清时期，房牙在业务操作上已经非常成熟了，特别是房契书写格式经过历朝历代的沉淀，已经非常规范了。一张房契，要注明买卖双方姓名、房屋坐落、房屋四至、产权情况、阴沟、暗道、水源、地税、是否一次性付款等项目。房契签订后，房牙与买卖双方到官府盖印，以示合法性，至此，房牙对于这宗交易的责任才算完成。

盖红色官印并纳税的契约称为"红契",与之相对,民间私下订立、不纳税的契约称为"白契",不受法律保护且被发现后要治罪。

可以说,明清的房牙兼有中介、评估、登记代理、监督交易双方照章纳税多项业务,相当于如今房产经纪人、房产评估师、不动产登记代理人和税务稽查员这四种职业的合体,可以说权力不小。不过想当上房牙也不容易,明清时期,想当房牙要向官府领取执照(牙帖)并缴纳税金(牙帖费),行业也有协会(牙行),每隔几年官府还要办个年检什么的。

房牙还被政府划定了固定的活动区域。房牙对本辖区内,未经房牙见证、私下订立的白契有清查的职责,一旦核实,可获得奖励。而若是被官府查出来,房牙自然也要承担责任。

不过即便如此,白契还是屡禁不止,因为买卖双方除了交付契税以外,还要付各种杂费,比如签合同那张纸也要收钱,叫"契纸钱",过户时盖章也收钱,叫"朱墨头子钱",这就增加了购房者的负担,也变相给了熟稔房地产事务的房牙一定的操作空间。

当然,那种"一不过户,二不办证"的白契是极少的,房牙一般不会采用这种简单粗暴的方式。他们多是暗中降低交易额,因为契税征收税率固定,征税金额由成交价格决定,于是民间订立白契,办官方手续用红契,也就是用所谓阴阳合同,暗减房价,规避高昂的契税。另外,由于低于一定额度的房契可不纳税,在房牙的操作下,民间有时甚至会将一份房契拆成七八份。

05

在房产交易中，房牙忙前忙后，当然不是无偿劳动，交易双方都要为此支付佣金。按照常规，佣金是"成三破二"。"成"者乃买房人，有钱才买房子，"破"者系卖房人，卖房是破落的象征，"成三破二"即买主出房价的3%，卖主出2%。在《四世同堂》中就有一位房牙金三爷，北平城的瓦片就是他的铁杆庄稼，他的中介报酬就是"成三破二"，他就依靠这5%的佣金生活。

到了民国，买卖双方付的佣金就差不多了。拿史上最文艺的房产经纪人徐志摩为例，当时普通百姓每个月大概赚10块大洋，而徐志摩稿费在600块大洋左右，奈何太太陆小曼实在挥霍无度，徐志摩不得不东奔西走，拼命挣钱。他一口气在五所学校兼职，课余还要赶稿，这位不屑市侩气的诗人后来还不得不干起房产中介的营生，因为这行挣钱多。当时中介的佣金是买方卖方共收2.5%，但是徐志摩着急赚钱，居然只要半价就出单。不过即使是半价，当时一单生意徐志摩也能赚400块大洋，可见这一行利润之丰。

然而，总有一些贪心的房牙，在合法收入之外还要给买卖双方找碴儿出难题，通过各种手段从中获取不菲利益。晚清的江浙沪地区对这群房牙有一个非常形象的称谓——"白蚁"，形容其疯狂吞噬房屋。据《清稗类钞》记载："'白蚁'系地皮房屋之捐客也。倚此营生，专蛀人家房屋。"

2. 古人怎么建房

买到了房子，未必能够马上入住，有可能要对房屋进行装修，或者房屋样式不合自己心意，那就得将房子推倒重建。那么古人是怎么建房子的呢？

01

比起毗邻火山、轻松就可获得火山灰做建筑材料的古罗马，古代中国没这么便利的天然条件。但中国古人从来不缺源源不绝的智慧创意：你挖火山灰，我就烧石灰！

考古发掘证实，早在新石器时期的遗址里，就有使用"白灰面"的痕迹。商周时期的建筑遗址里，也常见石灰材料出土。《左传》记载过一种"蜃灰"，是用蛤壳烧制而成的石灰，加固建筑的效果非常好。

到了大一统的秦汉时期，蜃灰的应用就更加广泛了。周朝时只有修宫殿陵墓才会用上蜃灰，而著名的"秦直道"，每一寸路都是用蜃灰加黄黏土修筑的。这张四通八达的古代中国道路网，就是以这种古代版的"石灰"技术铺就。秦汉的巍峨宫殿,更是常用石灰加猪血、料姜石抹成,具有暗红色外观及良好的加固效果,且有防潮功能。

02

西汉时期,一种加固效果更好的新石灰材料也应运而生,这就是三合土。这种材料是把石灰、黏土和沙子加上水,按照一定比例混合后就成了中国古代版的"混凝土"。

到了战火纷飞的魏晋十六国时期,三合土在军事建筑领域已是大受欢迎,大夏政权雄踞漠北的"统万城"就是三合土建筑材料的杰作。在其荒废数百年后的宋朝,科学家沈括造访这座坚城时,依然震惊于其牢固程度:"赫连城(统万城)紧密如石!"

不过这种牢固的三合土缺点也十分明显。它的颗粒还是太过粗糙,黏合度也相对有限,加固程度比起现代水泥混凝土来还是有很大差距。因此,南北朝时期,另一种更强大的"中国石灰"脱颖而出,这就是糯米灰浆。

03

糯米灰浆是传统三合土的升级版。工匠们把糯米煮烂以后,将浆汁倒入三合土里,再加上阳桃藤汁混合,就成了加固作用更强的糯米灰浆。20世纪中外诸多学者们的测试报告称,这种诞生于近1500年前的古代建筑材料,其坚固性不但领跑古代世界,甚至堪比现代水泥。

当然,这种性能强大的糯米灰浆成本也十分高昂,在其刚诞生的南北朝时期,也只是用来修葺贵族陵墓。到了隋唐时期,才开始用来修桥建庙。唐朝的开元寺就是用糯米灰浆加固的,历经千年屹立不倒。而建于唐朝的泉州古塔,也是以糯米灰浆灌注的地基,扛住了7.5级的地震。不过,当时糯米灰浆还是太金贵,只有重大工程才会用上。

到了农业生产更发达的明清时期,拜突飞猛进的稻米产量所赐,糯米灰浆的应用也更广泛。明清许多大城市的城墙都完全用糯米灰浆砌成,如明朝湖北荆州使用糯米灰浆修筑的城墙,至今还有"铁打荆州"的称号。在关乎国计民生的水利工程上,成本降低后的糯米灰浆更成了重大助力。明朝卢沟桥两岸的大型河堤以及清初浙江余杭大海塘,都是由糯米灰浆打造的,扛住了数百年雨打风吹,至今仍造福当地。

1978年,考古人员在发掘南京徐俌夫妇墓时,糯米灰浆打造的墓室竟让考古队的挖掘机都无可奈何,急得考古队把铁铲钢钎都砸坏了,竟还是动不了墓室分毫。这强大的加固能力,至今依然让人震撼。

人们十分熟悉的北京故宫、明长城甚至承德避暑山庄等名胜古迹,当年在修筑时都是以糯米灰浆来黏合砖石。这强大的加固防护能力,扛过了数百年风雨考验,才把古代中华文明的辉煌风貌稳稳呈现在现代人眼前。

04

其实,早在新航路开辟时,中国古代先进的建筑技术就震惊了那些初次踏上中国土地的欧洲人。16世纪西班牙学者门多萨的《中华大帝国史》里就以大段的笔墨,描绘了欧洲人见到明朝建筑后的震撼心情。他称明朝福州的每一座塔楼,都"超过罗马人的任何建筑",泉州当地的巨型桥梁,更到了"不是亲眼所见简直难以置信"的地步,中国人的建筑水平,简直"可以造出世界上最好的建筑来"。

17世纪末,沙俄的彼得大帝曾专门派使团来中国,开出诱人的条件想让清政府给沙俄派几个石匠。他不惜一切代价,也要学会中国的建筑技术。清朝乾隆年间曾经造访中国的法国学者也对中国古代建筑表示叹服:"我对他们(中国人)的聪慧深为敬佩,我们欧洲人倒似乎显得平拙无奇。"

撑起这骄人成就的,不只是看得见的秦砖汉瓦雕梁画栋,更有这隐藏的以糯米灰浆为代表的建筑材料技术。

3.古人都用纸糊窗户吗

01

房子建好了,该考虑如何设计窗户了。受影视剧影响,很多人都知道古代的窗户是木质结构,再糊上一层纸。窗户结构大都是木质结构没错,但对于中国古人来说,"糊窗户纸"却曾是一件稀罕事。据《东观汉记》记载,黄河流域的平民住的都是茅屋草庐,这样的房屋用纸都不现实,往往都是用"篷窗",也就是用竹草编成的窗户。这类窗户基本都是不透光的,防偷窥效果应该很好,但要说抗风能力,想想都觉得冷。

这类"篷窗"不光秦汉有,直到唐朝还有,杜甫草堂就是典型。了解这类"篷窗"的抗风效果,也就能读懂杜甫诗中的哀叹了:"八月秋高风怒号,卷我屋上三重茅……"

02

当然,有钱人家的窗户就不一样了,就算在没有发明纸的年月里，他们的糊窗材料也十分讲究。比如琉璃，也就是古代版的玻璃，在古时都是进口奢侈品，用来当窗户就是糟蹋钱，而艳压后宫的赵飞燕，就是"窗扉多是绿琉璃"，简直奢华至极。另外还有云母，俗称"千层纸"，这种天然矿产可以制成透光的薄片，也常被富人家用在窗户上，梁简文帝就曾说"云母之窗，惭其丽色"，可见其名贵。

除了这类富人专享的奢侈品外，相对亲民一些的则是绮纱，即丝织品。其中做工精美的绮要名贵一些，比如东汉大将军梁冀家就是"皆有绮疏轻琐"。纱则在民间用得多些，价格也相对低廉。

这几样糊窗材料各有各的优点，但共同的缺点就是贵，多是富人家专用。今天我们能住在有玻璃窗的房子里，就相当于古时的贵族待遇。至于普通人家，在纸张出现之前，一旦赶上冬天，基本就是守着篷窗、纱窗，在寒风里苦熬。

03

随着纸的发明与普及，"窗户纸"作为一种新型糊窗材料出现。在宋朝，随着造纸技术的进步与纸张品种的丰富，纸不只能用来书写，冬天还能用来做御寒的"纸衣""纸被"，南宋诗人陆游就曾写诗盛赞"纸被围身度雪天"的美妙感觉。既然衣被都可以用纸做，糊窗当然也不在话下，就如北宋诗人王禹偁的诗句"白纸糊窗堪听雪"所言，新出现的窗户纸给文人们添了许多雅趣。驿站、寺庙等地方也常用纸来糊窗。

宋朝用于糊窗的纸张，多是用藤皮等材料制成，质地坚韧且造价不菲，除了糊窗，还能用来做"纸瓦"。不过，唐宋时期，窗户纸还多存在于宫廷或是富人家，特别是富人家的"暖阁"里。

相比之下，明朝的纸就更亲民了。随着造纸技术的进步，明朝的江西、福建等省份都成了造纸中心。在明初，纸还是一种奢侈品，就连国子监的用纸都要定期回收。到了万历年间，2000张台连纸的价格只和一匹麻布差不多，50张毛边纸只能换六瓶烧酒。而且明清纸张的质地也更好，不光能像宋朝那样做瓦，还能做"纸筋"。这么多又便宜又结实的好纸，自然也越来越多地用于糊窗。

04

明朝窗户纸的普及也有赖榨油技术的进步。纸要想做到抗风防水，关键是要涂上油，变成"油纸"。所以用纸糊窗的困难不只在于纸贵，更在于油贵。到了明清时期，南方的桐油产量大大增加，用桐油制成的油纸也成了日用品。北方桐油产量少，但豆油普及，榨油技术也更成熟，于是，窗户纸也就不再只是富人家专属，成了老百姓家窗户上离不开的宝贝。

纸张涂上了桐油，透光性就更好了，明朝学者方以智评价窗纸，"檐窗畏漂雨，用桐油则耀目"。既防水又透光，自然能创造更舒适的居住环境，就连古代的灯笼，也往往用油纸为原材料。

正因为油纸有这些好处，所以从明清到近代，油纸长期是老百姓最重要的糊窗材料。清朝时，北方的窗户纸被叫作"红辛纸"，往往需要从南方买进桑皮棉杆皮来制造。在寒冷的东北，涂抹了豆油的红辛纸会糊在家家户户的窗外，用来对抗每年极寒的天气，"东北三大怪"里有一条就是"窗户纸涂在外"。

至于我们今天熟悉的玻璃，虽然在近代就进入中国，但真正普及起来并彻底取代窗户纸，却还要等到新中国成立后。

从这个意义来说，纸之所以会成为"四大发明"之一，不只是因为它成就了多少文人笔下的风花雪月，更因为它佑护着苦寒岁月里的中国老百姓，度过了不知多少个冬天。

4. 古人怎样防火

房子建好了，窗户也糊好了，一个家算是基本安置好了。此时古人会比较担心一件事，那就是防火问题。

在古代，火是人们照明和取暖的重要来源，也是生活里不可或缺的必需品。然而，由于古代的建筑物多为木质结构，极易起火，因此古人对于火灾的防范丝毫不敢掉以轻心。

荀悦的《申鉴·杂言》写道："一曰防，二曰救，三曰戒……防为上，救次之，戒为下。"这就是当时人们应对火险的方法。

01

为了防范火灾，古人没少花心思。历代先贤们不仅想出了许多防范火灾的方法，还出版了应对火灾的法律文献。古人关于处置火灾的法令可以追溯到距今约3600年前的殷商时期。《殷王法》中规定，"弃灰于公道者断其手"，即不能把没有燃尽的灰烬随意弃置在道路上，若是有人违反了，就要被砍掉手。

现代科学已经证明，燃烧物如果未经充分燃烧，就会有复燃的可能。殷商时期的古人在制定这条法规时已考虑到这类隐患，因此有了这项防患于未然的规定。

春秋战国时期，古人对于火灾的法令也是十分严格。秦国法律规定"弃灰于道脸刺字"，即便是把燃烧后的灰烬扔在道路上，也会受到在脸上刺记号并且涂黑的处罚，可见古人对于防火的重视程度了。

02

除了法令规定，古人在日常生活中也十分注意防火。据《周礼·天官》记载，每年的春秋两季，负责用火安全的官员都要摇木铎来提醒大家防火。这种人工提醒防火的方式十分好用，后来民间的打更人也经常念叨"天干物燥，小心火烛"，以此来提醒百姓安全用火。

03

由于春秋战国时代狼烟四起，烽火连天，火攻成为战场上的常用手段。有时候，防止火势蔓延，或许就有着扭转战局的意义。墨子就是这方面的专家，他发现，如果在建筑物上面加一个不可燃烧的保护层，就可以有效防止建筑物起火，从而防止火势蔓延。于是，墨子发明了在城门上涂湿润泥土、用麻布做水斗、皮革做水盘、城门楼上设储水器等一系列的防火手段，极大地推动了防火技术的发展。

04

南宋时期有个人叫袁甫，他幼年时家中曾发生过几次火灾，火灾过后倾家荡产，损失惨重。或许是童年的火灾阴影给袁甫留下了深刻的印象，后来他出任徽州知州，上任的第一件事就是防范火灾。为此，袁甫成立了专门防火的"防虞员"和专门救火的"潜火军卒"，还给他们配备了灭火工具，这便是消防队最初的雏形。

公元1201年，临安城御史台吏杨浩家发生了一场大火，由于临安并没有专职灭火的消防队，结果这场大火接连烧了四天，一口气烧了御史台、军器监、储物库等官舍。民间的损失更为严重，据史料记载，临安受灾居民达五万余家，十八万多人，死而可知者就有五十九人。

火势控制住以后，宋宁宗又是心疼又是生气，于是防火成了临安城的头等大事。公元1208年，临安知事赵与悥创建了第一支由政府组织的消防队，其中防隅军兵二十队、潜火军兵七队，总人数达五万三千一百一十六人，专门负责消防救火。百姓也自发成立了"水铺""义社"等民间消防队。

05

清朝的紫禁城为防火灾，专门准备了三百口大缸装水，名为"太平缸"，作为火灾发生时的救急水源。

不过，清朝防火虽然十分严格，偶尔也有火灾发生。嘉庆二年（1797年），乾清宫大火，搞得当时十分爱面子的太上皇乾隆也不得不下罪己诏，气急败坏地说这场大火"皆朕之过"。

到了晚清，灭火工具有了进一步的发展，出现了小型的消防灭火车"水龙"。刚开始只有木头制作的"水龙"，俗称"土龙"。后来清朝又陆续出现了"铁龙"和"金龙"。再后来，工部局从宝顺洋行买了一辆蒸汽救火车，消防工具至此总算跨入了机械时代。

5.古人用什么做饭

01

有了房子,"住"的问题算是解决了。接下来,就要解决在家里面临的另一个重要问题:做饭。

在没有煤气和天然气的中国古代,古人一个重大的生活难题就是"烧火做饭"。明朝唐寅的诗里就咏叹说"柴米油盐酱醋茶,般般都在别人家"。烧饭用的柴,在古人"开门七件事"里排第一。

"烧火"这事儿有多难?可以瞧瞧古人家里的炊具:在我们印象里,古人的炊具多是釜、鼎一类,但在漫长的古代史中,演变极大的一样生活用品正是炉灶。

秦汉以前,古人做饭还是炉灶与釜鼎并用,自两汉年间起,炉灶就开始独自"挑大梁"。三国年间的"三孔圆头青铜灶",出土时惊艳了众人:整个炉灶已经有完整的灶身、烟囱、炊具各部分,做工精美,火力极旺。

而从两汉三国开始,历代的炉灶也在不停演变。两晋南北朝的炉灶，灶眼明显增加，灶身和烟囱也是越加越长，而火门也越发缩小。从隋唐年间起，中国传统炉灶的灶眼改成了一个。所有这些改变，都是为了增加炉灶的封闭性，提高炉灶的温度，更重要的一个目的是节省燃料。

02

中国古代做饭的燃料有很多，但在相当长的历史时期内，主要的燃料来源就是木柴。著名的农学宝典《齐民要术》里，就列举了榆树、柳树、橡树等多种可做燃料的树木。乍一看去，古人的燃料资源储量似乎很大。但事实上，却是一代比一代缺乏。

由于人口的增长，木柴需求扩大，再加上战乱和土木建设等多种因素，中国古代的林木资源一直都在减少。南北朝年间，东魏在邺城建造宫殿时，就苦于缺乏木材，竟把洛阳宫殿的木材拆了凑数。从隋唐年间起，古人"缺柴"的困境就越发严重，盛唐年间，长安周边就已没有巨木。所以白居易笔下"伐薪烧炭南山中"的卖炭翁，会被"白衫儿"强行抢走炭。唐朝一度给官员实行"配额"，五品官员每天才配二斤炭，取暖烧饭时必须省着用。官员家都这样，小老百姓自然更难熬，唐人姚合更哀叹"小市薪柴贵，贫家砧杵闲"——由于买不起柴火，穷人家的劈柴用具都闲置了。其实在那时，中原地区的林木植被也已经大量减少。朱温灭了唐朝后，把长安宫殿和民居一股脑儿全毁掉，沿着渭河把木材拉走，也是因为"缺木料"。

盖楼的木料都缺，烧饭的木料更是不富余。缺木材时，羊粪牛粪就是烧饭最好的备用燃料，那真是"既无灰尘，又不失火，胜于草远矣"。

宋朝从太行山麓到江南地区,大片的林木都已被砍伐殆尽,乡间的老百姓为了生火做饭,竟把有重要经济价值的桑树、枣树都砍了当柴烧——毕竟经济利益再高,都比不了眼前一顿热乎饭。

乡下尚且如此,城里人做饭就更困难了。

在"市民经济"丰富多彩的北宋都城汴京,"缺柴"更是一百年来的公认难题:宋真宗年间的冬天,汴京城里的木炭一度涨到每秤二百钱。为了抢购官府的"半价炭",汴京城里还出现了造成多人死亡的"踩踏事故"。

到了明朝年间,"柴"依然是公认的"开门七件事"之一,许多地方"民之艰薪更甚于艰食"——生个火比找到吃的还难。

甚至在战场上,也能看到古代缺柴火的困境:明朝建文年间,当燕王朱棣扯旗造反,掀起震惊天下的靖难之役时,他的燕军曾在真定城外二十里处俘虏了砍柴的樵夫。这个细节意味着:明初真定城需要的柴火,竟要从城外二十里处砍来。

这还只是真定这样的小城池,对于北京、南京这样的大城市来说,燃料的需求更是巨量。明成祖朱棣刚迁都北京时,北京每年需要的柴火只有28万吨,但到了一个半世纪后的隆庆年间,京城的柴火需求量就暴涨到48万吨。许多地方因为缺柴,在淡季时甚至要"裂门以炊",砍了木门当柴火烧。

03

也正因柴火的稀缺,催生了古人"生火做饭"的又一巨大变化:烧煤。

虽然中国人应用煤炭的历史至少可以追溯到两汉时期，但煤炭真正普及起来，却是在明朝。比如柴火需求量巨大的北京城，到了明朝成化年间，就已经是"皆石煤代薪"。明朝小说《醒醒石》里的下层士兵家庭也是"尽勾买煤烧"，明朝典籍《天工开物》也提到：明朝城市的燃料里，煤炭占了七成，柴火占了三成。

当然，这时煤炭的"占七成"，指的是烧饭、生产、冶炼等多个行业，仅日常做饭这块领域，木柴的比重依然比较大。皇宫和官宦家庭的生活燃料，依然还是以木炭为主，但对于老百姓来说，煤炭的意义巨大。特别是在明朝中后期，许多昔日饱受"缺柴"之苦的地区，都是靠煤炭救了急——明朝嘉靖年间，名臣杨继盛就在临洮开采煤矿，让百姓大受其利。到了万历年间，连多年不上朝的明神宗都明白"煤乃民间日用之需"。终老于北京的传教士利玛窦，也记录了北京百姓家家烧煤的情景。

清朝年间，煤炭在城市燃料中所占的比例进一步扩大。乾隆年间仅北京周边的煤窑就有七百多个，北京的人均需煤量也达到了390斤，昔日处于次要地位的煤炭，已成为古代城市百姓的生活必需品。可以说，中国人口能在明清年间实现"大暴发"，除了粮食产量的因素外，煤炭的因素也不容忽视。

当然即使在这时，煤炭的价格对于普通百姓来说也是不小的负担。清朝乾隆年间，三文钱能买二斤煤，到了嘉庆年间，三文钱只能买一斤煤。即使在北京，"煤价日贵"也是常见现象。单是乾隆二十七年（1762年），北京城里的一斤米与一斤煤的比价是1∶0.6，买煤依然是笔不小的负担。

6. 古人为何偏爱硬质的玉枕和瓷枕

人的一生有三分之一左右的时间是在睡眠中度过的，因此在居家生活中，若是拥有一个好枕头，必然能够提高睡眠质量，提升生活幸福感。与现代人喜欢软软的枕头不同，古人多喜欢硬质枕头，比如玉枕和瓷枕。

01

虽说玉枕与瓷枕经常被分开来说，但大多数情况下，这两个词通常用来指代硬质的枕头。看上去硬邦邦的枕头，竟是助人健康睡眠的好宝贝。

据考古发现，中国人睡硬质枕头的历史可以追溯到大汶口文化时代。从商周至南北朝，硬质枕头有"玉枕""金枕""瓦枕"等各种类型。到隋朝时，陶瓷烧制的瓷枕异军突起，成为"硬枕"中的主流产品。河南安阳隋朝古墓出土的箱型瓷枕模型，就反映了隋朝瓷枕的受欢迎程度。

用这么个硬家伙当枕头，能睡安稳吗？中医认为，硬质的枕头有调理血压的功效，还可防止颈椎增生，提高睡眠质量。瓷制的枕头光洁清凉，不但助眠效果好，夏日里更有去暑的奇效。隋唐年间中国陶瓷工艺的井喷发展，使得各种类型的瓷枕源源不断涌现，烧制工艺也日益精进，不断改善人们的睡眠质量。

02

除了直接的助眠效果外，瓷枕大受欢迎的另一原因，是其"镇宅"的作用。据《唐书》记载，一方精美的瓷枕，对于家庭来说，有着"镇宅""宜男"等重大意义。一直到明清年间，很多女子的婚嫁大事，都以陪嫁一方精美瓷枕为荣，以象征婚姻生活的幸福平安。精美的瓷枕，不但可以让人夜夜睡得舒服，更可助人睡得心中踏实。

也正因这些特殊意义，自隋唐年间起，瓷枕的烧制成为一项极具技术含量的火爆产业。宋朝的瓷枕，技术水准突飞猛进，瓷枕的尺寸越造越大，图案也越发精美。有的瓷枕上面有色彩艳丽的图案，彩绘复杂程度远超唐朝；还有的瓷枕上有儿童生活嬉闹的场景，还有各地的风土民情。清朝时青花瓷传入陕西后，当地的瓷枕上也有了新颖的精美图案。

历代的民俗生活，不同年代地域的文化交融，都可在一方瓷枕上得到见证。

03

如此重要的睡眠用具，当然也不只是个用具，有时更是人们的情怀寄托。特别是宋朝，瓷枕深入民间，好些瓷枕上除了图案，还常印有各类人生格言。宋朝的瓷枕上，时常印有"为争三口气，白了少年头"之类的人生格言。看到这醒目文字，哪怕入睡前满怀心事，也可当场豁然，然后放心做个好梦。

这种"助梦"效果，有时还在野史里上演生动剧情。比如唐朝传奇《枕中记》，甚至明朝不朽戏剧《邯郸梦记》，都是通过主人公睡瓷枕触发剧情，引发睡梦中爱恨情仇的精彩故事。

脑洞大开的剧情，见证了一方瓷枕在中国古人生活中的别样象征：无论功名利禄，无论奔波烦恼，能够在夜晚放下一切，做个轻松甜美的好梦，才是真正的幸福。

7. 古代女子多久洗一次澡

在舒适幸福的居家生活中，拥有一方好枕头固然有助于睡眠，若还能在睡前舒舒服服地洗个热水澡，更是莫大的享受。

在不少古装剧里，常常有女子洗澡的桥段。比如在《水浒传》改编剧里，就给潘金莲安排了好几场洗澡戏，被热心观众调侃为一天到晚都在洗。那么，真实的古代女性，真能如影视剧里这般每天从早洗到晚吗？

01

在中国古人心目中，"洗澡"有着重要的地位。大儒朱熹就认为人的"去恶"，就应该"如沐浴其身以去垢"，也就是把洗澡比喻为一种自我反省的方式。《礼记》除了认为"儒有澡身而浴德"，更提出"三日具沐，五日具浴"，也就是三天一洗头，五天一休沐，汉朝据此为官员特意安排了"休沐"的假期。也就是说，对于古代"有身份"的人来说，"三天洗头五天洗澡"应是常事儿。

但在古代，洗一次澡相当不容易，所以大多数古人洗澡，比现代人想象的难得多。唐朝大诗人白居易身份不低,可在他四十多岁时写的《沐浴》里,都哀叹自己"经年不沐浴,尘垢满肌肤,今朝一澡濯,衰瘦颇有余"。也就是自己好几年不洗澡,偶尔洗一下,洗掉"尘垢"后的自己,竟然老了那么多。可见,像白居易这样的大诗人洗个澡都这么不容易。

宋朝以后,民间的公共澡堂开始普及,并且还出现了提供专业洗澡服务的"香水行"。明清年间,名为"混堂"的民间澡堂更是遍布大江南北,从士大夫到雇工都常去澡堂洗浴。

02

尽管如此,对于女性来说,"洗澡"依然是个不太容易的事儿。因为在封建礼教制度下,女子绝不允许抛头露面去公共澡堂洗澡。所以,古代哪怕再爱干净的女子,洗澡也只能在家里关起门来洗。

对于达官贵人家的女子们来说,这事儿还不算太难。古代虽然技术条件有限,但在洗澡问题上却是一代代寻求技术突破。周朝的季子白浴盆是现存最早的古代浴盆,长1.37米,前后左右共有八个兽头,设计十分精巧。秦朝年间供嫔妃使用的浴池,还设有壁炉与陶制管道,甚至还有地漏与排水管,设计十分现代。唐朝华清池遗址,不但以白石铺就,甚至"凿石做暗渠走水",几乎实现了全自动化服务……

所以,对于古代出身富贵的女子来说,洗澡不是"多久洗一次"的问题,而是怎么洗才舒服的问题。发展到明清年间,有钱人家的洗澡装备越发奢华,就连汉唐时只供皇家享用的洗涤用品胰子,明清年间也进入民间的有钱人家。所以在《三言二拍》等小说里,凡是有产业、有用人的家庭,女主人日常都能"烧起香汤沐浴",甚至有客人来访时,也常"安排香汤沐浴"。洗澡,不仅是生活必须,也是待客之道。

在这类家庭里的女子,洗澡的频率是怎样的呢?《宫女谈往录》里的慈禧太后,"夏天要天天洗,冬天隔两三天洗一回"。所以古代大户人家的女子,就算没有慈禧洗得这么勤,三五天洗一次澡还是能做得到的。但对于普通人家的女子来说,就不是如此了。

03

前面说过,对于古人来说,洗澡是个非常困难的事儿,这不只是个技术问题,也是经济问题。就以最基本的烧水来说,一直到明清年间,用于生火的炭薪等燃料都价格不菲。所谓烧火,烧的就是钱,而且来之不易的燃料还要用于日常居家取暖,能用于"烧洗澡水"的燃料本就不多。

另外,普通家庭的衣物、取暖、洗涤用具等各种条件都非常有限,洗澡后的安全保暖也同样是大问题。比起花些钱去澡堂洗澡,在家洗一次澡着实麻烦得多。所以古代普通人家的女子,洗一次澡很难。

当然,在有些重要的日子里,再困难也要洗澡。最典型的就是结婚,元朝时中国就有婚俗,新娘结婚前要先"送女儿入堂中澡浴"。明清年间时女子结婚前,也要选择吉时来洗澡。另外诸如端午、七夕等传统节日,也都是我国古代不同地区的女子要洗澡的"大日子"。

1914年,北京终于出现了第一家女子澡堂"润身女浴所",这成了当时轰动全国的爆炸性新闻,中国女子"不能进澡堂"的历史,至此才算结束。

8. 古人怎么消暑

中国的大部分地区都四季分明,一年的日子中,总是要有那么几个月很热,又有那么几个月很冷。在没有空调和暖气的古代,古人是如何消暑、如何取暖过冬的呢?这一篇,我们先来说一说古人是如何消暑的。

01

古诗里有许多描写炎炎夏日的名诗名句,从这些诗句里,我们多少能窥见古人是如何消暑的。

首先值得一说的,就是唐朝诗人白居易的《消暑》:

> 何以消烦暑,端坐一院中。
> 眼前无长物,窗下有清风。
> 散热由心静,凉生为室空。
> 此时身自保,难更与人同。

在古代，没有空调、风扇、冰箱等设备，酷热的夏天无比难熬。古代文献里，夏天常伴有"热灾""大燠"等形容词，杜甫笔下的唐朝夏天，能热到让人"束带发狂欲大叫"。

不过，对于浪漫的文人来说，夏天里各有各的过法。比如孟浩然喜欢沐浴后"散发乘夕凉"，也就是披头散发在水亭中睡觉；王维跑进深山里盖竹屋，然后在里面"弹琴复长啸"；宋朝诗人梅尧臣则是钻进深山寺庙里喝茶，这样就"煮茗自忘归"；刘禹锡更是"琥珀盏红疑漏酒"；释英却走进深山高处，体会"清风冷袭衣"。

不过这几类过法不但折腾，经济成本也不低，还是白居易的法子最"亲民"：就在院子中间"端坐"，别看"眼前无长物"，可凭着"窗下有清风"，就能"散热由心静"，这才叫"心静自然凉"。

对照白居易一生"亲民"的创作风格，以及多年跌宕起伏下的淡然心境，就知这"心静自然凉"的本事，真不是一般人就能有的。结尾那一句"此时身自保，难更与人同"更是包含了多少人生感受在其中。

02

其实，古代解暑的办法五花八门，特别流行的一样就是喝冷饮。要论喝冷饮的痛快劲儿，当数南宋诗人杨万里《荔枝歌》里的名句：

帝城六月日卓午，市人如炊汗如雨。
卖冰一声隔水来，行人未吃心眼开。

在都城炎炎夏日的正午，人们正挥汗如雨的时候，突然听到一声"卖冰"的声音，冷饮还没喝下肚，就已经高兴得"心眼开"。喝冷饮的欢乐，仅凭这几句话，就能感受得真切。

不过，在相当长的时期里，这痛快地喝冷饮对于大多数人来说真是可望而不可即。直到三国时期，夏季里喝的"冰水""冰酒"，都百分之百是贵族专享的。那时，封建帝王夏天还有盛大的"赐冰"仪式，也就是把冰块赐给文臣武将。

直到唐宋年间，随着藏冰制冰技术的进步，昔日贵族专享的"夏季冷饮"才渐渐走向民间。

唐朝就有人"卖冰于市"，但当时一杯"冷饮"价格也是不菲。到了杨万里生活的宋朝，中国的冷饮技术终于突飞猛进。北宋的城市里，到处可见"冷饮店"，冷饮的花样也不停翻新，不再只有早年简单的"蜜水"，而是有"冰珠蜜水""雪泡梅花酒""砂糖冰雪冷元子""冰酪"等多个品种。其中的"冰酪"，元朝时又加入了果汁和奶酪，成了古代版的"冰激凌"，每年夏天都风靡一时。

花样繁多的夏季冷饮不但清凉可口，价格也逐渐亲民。普通的行人都能吃得"心眼开"。到了明清年间，"杨水""冰杨梅""酸梅汤"等夏季冷饮，更是出现在一线城市的大街小巷，"小贩挑担卖凉水"成了常见景象。

03

古代虽然没有电扇、空调，但用人力扇风的设备历来不少，有时候还会"扇"出令人震撼的大场面。元朝著名科学家王祯的诗

《高车》里，就描述了"超大风扇"在大都"人工降雨"的惊艳一幕：

> 通渠激浪走轰雷，激转筒车几万回。
> 水械就携多水上，天池还泻半天来。
> 竹龙解吐无云雨，旱魃潜消此地灾。
> 安得临流施此技，楼居涤去暑天埃。

在王祯的笔下，当时的元大都皇城用一辆辆"水转高车"，以提水高度高达六十多米的强大动力，把低洼处的水像"接力"一样取上来，然后泼洒到皇城里，其景象"散若雾雨"，酷热的天气也"楼居涤去暑天埃"，俨然就是古代的人工降雨。

这款造就人工降雨奇迹的水转高车是款"舶来品"。根据《唐语林》记载，盛唐年间酷暑难熬，唐玄宗引进东罗马的"水激扇车"，造出了凉爽怡人的"含凉殿"。

自此以后，这款来自东罗马的水激扇车在中国代代升级，除了衍生出水转高车这类大家伙外，还发展出宋朝以后有钱人家庭夏季常用的"风扇车"。

就连清朝的乾隆皇帝，都对风扇车青睐有加。为了能更舒爽地使用风扇车，乾隆九年（1744年），他专门改造了圆明园，把水流从宫墙外引进来，然后驱动风扇车转动，在炎炎夏日里，制造出有水有风的清凉效果，还特意写词自夸："以转风扇，冷冷瑟瑟，非丝非竹……斯时斯景谁图得，非色非空吟不成。"在乾隆一生丰富的诗词创作里，这几句凉爽后发自内心写出的句子确实还不错。

04

对于中国农业史来说，这人工降雨的意义远比让帝王显贵们凉快重要得多。东罗马水车背后的工艺技术自盛唐起也在中国生根发芽，传统的农用水车也从此开始了技术革命，生产效率大步提升。到了宋朝，升级版水车每天的灌溉量在百亩以上，到了明清，水车灌溉量更是翻倍，达到了每天二百多亩。

元朝统治者只把这类升级水车用于皇家消暑，而从明朝开始，水车的普及范围空前广泛，连兰州等西北缺水地区也受益数百年。明朝建国不到三十年，农业产值就高于宋元时期两倍。

16世纪下半叶，西班牙学者拉达在《中国札记》里，记录下了他亲眼看到的"中国水车"。在福建陡峭的山地，这些水车可以轻松地把水取向高地，甚至"坡丘上的庄稼也能得到灌溉"。这令欧洲人惊讶的一幕，与王祯笔下"水械就携多水上"的一幕相呼应，印证了科技强国的硬道理。

9. 古人怎么取暖过冬

前面我们讲到了古人如何消暑,这篇我们就讲讲古人如何取暖过冬。

翻开卷册史料,想象一下中国古代的冬天,顿觉酷寒扑面。比如脍炙人口的唐诗里,冬天刮风可以刮到"北风卷地白草折",下雪下到"千树万树梨花开",数九寒天经常冷到"千山鸟飞绝",光是读一遍,就让人直打哆嗦。那么,在没有现代供暖技术的年月里,古人该怎么熬过冬天呢?

素来不缺智慧的古人,在取暖供暖问题上发明了如下"神器",为自己营造出温暖的居住空间。

01 铜炭篓

中国南方气候温润,但湖北地区却是个例外。根据《荆楚岁时记》等史料的描述,古代的湖北,冬天比中原寒冷得多。明清时期,带着原始温度计造访中国的欧洲传教士们,还在湖北测到了零下18摄氏度的低温。

不过早在两千多年前的春秋时代，聪明的楚国人就已发明了应对酷寒的强大装置——铜炭篓。

铜炭篓出土于天星观二号的楚墓，是一种战国时期宫廷专用的烤火用具。它高41厘米，口径22厘米，整个造型为圆柱状的熏杯，直口直壁，全身分为三段，每段都有镂空的龙纹，底部和器身都有用来排出碎木炭的镂空。

铜制炭篓不但外观装饰华丽，携带使用也十分轻便，只要在篓内点燃木炭，热量就会源源散开，充分发挥了铜的良好导热性能。虽然后来取暖技术突飞猛进，河南还出土过更小巧的青铜炉，但就工艺思路和实用效果来说，铜炭篓不但是目前中国出土的冬季升温用具中时代最早的，功能也堪称是同时代最强的。

02 温调房

相比春秋战国时的铜炭篓，秦汉的房间供暖装置更加先进。

秦朝皇宫里高1.02米、宽1.2米的大壁炉，拥有1.1米的纵深与覆瓮型炉膛，可以确保浓烟迅速排出后，热气在房间里充分回旋并扩散，功能上早已远远超越铜炭篓。更强大的是"火墙"技术：两块筒瓦扣成管道包在墙壁上，下面连接灶头，烧火产生的热气就可以通过墙壁传遍整个大殿。

而在汉朝，更是有一种集合了这两样取暖技术精华的温调房。温调房最早叫作"温室殿"，由汉武帝初建于汉宫前殿北面，整个房间不但设有壁炉和火墙，令源源不绝涌上的热气迅速在温室殿里扩散，而且墙壁上涂抹了捣碎的花椒，挂上了大雁毛做成的帷幔，铺上了西域进贡的毛毯。

这座特供汉武帝享受的豪华房间，按《西京杂记》的形容，哪怕外面大雪纷飞，房间里也是温暖如春，甚至房中的花草都能茁壮成长，常让冒雪赶来议事的大臣们看得目瞪口呆。

此后，这座豪华房间名气暴涨，有钱人纷纷效仿，到了西汉末期，已在贵族圈里推广开来，西晋的时候还成了石崇等洛阳富豪们炫富的手段。

相同的技术也早已造福民间。西安闫家村的汉朝民居遗址里就出土有壁炉与火墙，还有设计良好的排烟通道。另外，泥制的火盆也已经在民间推广。虽说不如宫廷的配置豪华，但百姓已经能温暖过冬了。

03 汤婆子

汉朝有"被中香炉"，在球状小铜炉里点燃熏香，独特的镂空支架结构可以确保不管香炉怎样转动，炉口都一定会朝上，避免使用者烫伤。此工艺由汉至清代代精进，演化成各类宫廷剧里，后宫佳人们在风雪中出场时手捧的精美手炉。尤其是清朝手炉，不但做工讲究，更是袖珍到能藏进袖子，是长期受贵族圈欢迎的"暖手宝"。

不过这种手炉是贵族专享，民间则有一种常用的暖脚神器——汤婆子。

汤婆子是一种睡眠时专门暖脚的圆形铜壶，有时也有锡制，因此又称"锡夫人"。这种诞生于宋朝的古代"暖水袋"通常是做成南瓜形状，有极好的保温功能，灌入热水后放入被窝，可以保证严寒天气里一整晚被褥都暖暖的，在冬天具有良好的助眠效果，正如北宋诗人黄庭坚诗云:"千金买脚婆,夜夜睡天明。"

04　故宫火道

冬天去逛故宫的游客,共同的感受就是"故宫真冷"。

的确,故宫占地72万平方米,有近万间的房屋,却连一个烟囱都瞧不见,在北京冬日的严寒中逛故宫,很容易被冻坏。然而,几百年前住在这里过冬的皇帝,却暖和得很,因为他们有一件中国古代史上最奢华的全自动供暖系统——故宫火道。

自从明成祖朱棣迁都北京,强大的故宫火道就开始为皇宫提供供暖服务。故宫里之所以没烟囱,就是因为故宫火道的入口"火膛"都在室外,且烧的是名贵的精炭,产生的些许烟尘都通过隐蔽的排烟口排掉了。整个紫禁城的地下,乃至每一个房间的炕床下面,都修有四通八达的火道。如此强大的供暖体系,令汉唐的壁炉、火墙都相形见绌。

据明朝宦官刘若愚的《酌中志》记录,每年十月起,这套强大的供暖系统就开始启动。宦官们下到深达一米的工作坑里烧火,滚滚热浪就沿着畅通的火道系统传遍整个皇宫。如果把火道流通的地方用隔板隔开,火道上面的房间就变成了明清宫廷剧里常出现的"暖阁",其保暖效果远远胜过汉朝的温调房。

当然,比起温调房的花费,故宫火道也是"真土豪"。按《宛署杂记》的统计,单是万历十八年(1590年)的殿试,就烧掉了一千斤木炭。而清朝乾隆年间,每天要供应每个皇孙十斤木炭,且全是价格昂贵的精炭。这简直不是烧炭供暖,而是直接烧钱供暖。

康熙年间在紫禁城住了十三年的意大利学者、传教士马国贤

（Matteo Ripa）惊叹地说，这奇特的故宫火道，不但不像欧洲宫廷的壁炉一样占地方，取暖效果也更好，"适度的热量均匀地分布在每个角落"。客观来说，一直到18世纪，故宫火道都是领先全球的宫廷供暖系统。

当然，这超豪华的供暖系统普通老百姓是无缘享受的，但其技术根基却源于明清时代中国北方非常常见的取暖方式——火炕。通过灶台烧火加热炕头的取暖技术，在金、元时代就已成熟，明清时更是流行于北方，直到近现代，俗称"盘炕"的火炕工艺，都是北方民间乡村过冬必备的。

10. 古人能挖地窖避寒吗

01

前面讲了几种古人取暖过冬的方式，但这些取暖方式对于古代穷人来说是很难享受得到的。

实际上，对于古代穷人来说，一年一次的过冬，真是一件苦事。

苦在哪里？今天我们熟悉的"穿棉衣盖棉被""生火取暖"等冬季生活，对于古代穷人来说几乎就是奢求。就以"棉衣棉布棉被"等御寒衣物来说，唐朝时的棉衣"白叠子"是贵族专享，一直到南宋年间，棉被还只是有钱人家的奢侈陪葬品。

在明太祖朱元璋大规模普及种棉之前，普通老百姓基本享受不到这些。当时纸是古人的"过冬刚需"，以纸为材料制成的纸被在古代极为受欢迎，宋朝时常用来赈济穷人。

至于"生火取暖"？我们前面说过，古代木炭、煤炭、柴火的价格，对于普通老百姓来说都是天价，烧它们就是烧钱。宋朝诗人赵扩冬天缺少燃料，只好把车劈了当柴烧。元曲里有句名句："穷人家柴薪不够，只能听凭冷雨寒风摧折"。

另外，古人的房子并非我们想象中那样坚固。哪怕到了建筑技术比较先进的明清年间，陕西等地的民居还常见"木皮代瓦"，山东农村的房子"多茅茨土阶"，基本都是茅草房。这样的屋子，在古代北方的寒风大雪里，让人想想都觉得冷。明清年间尚且如此，其他朝代更可以想象。杜甫笔下"路有冻死骨"的一幕，绝非艺术加工，而是古代穷人冬天里的常见景象。

02

也许有人会想，古代冬天冷，可地窖里暖和啊，古代穷人完全可以住在地窖里啊，何必非要在寒风里苦熬呢？

其实，如果要看个别地方的古代平民生活图景，这个想法也是有道理的。比如在西北黄土高原个别山区，就有极具地方特色的"地窖院"，即在平地上挖一个十多米深的大坑，然后在坑的四壁打出几眼窑洞，形成可以居住的院落，即"地窖院"。这些"地窖院"往往纵深三米多，里面冬暖夏凉，看上去十分宜居。但这个方法放在中国北方大部分地区并不适合，因为不是每个地方都有西北黄土高原这种地貌条件。

这也是古代穷人"不住地窖"的一个重要原因：在古代的科技条件下，除了一些地貌特殊的地区，对于大部分地区的穷人来说，"挖地窖"是一个几乎不可能完成的任务。

首先工程量极大，在缺少挖掘装备的古代，施工难度极高。甚至就连施工工具成本都很高，以"文官工资高"的宋朝为例，宋朝一户普通自耕农家庭，锄、镰、锹、耙等铁农具的成本开支就得30贯以上，相当于七品知县三个月的俸禄。

所以，对于大多数穷人来说，"挖地窖"是个既挖不动也挖不起的事儿。古代的地窖，是要动用不少人力物力的大工程，而且无论是储藏用的仓库还是冰库，都是贵族、有钱人或官府专享，穷人家可用不起。

03

而且退一万步说，就算古代穷人不缺力气不缺钱真能挖出地窖。"躲地窖里过冬"这事儿也不靠谱。古代地窖里空气流通差，人在里面待久了，中毒窒息是常见的事儿。南北朝医学典籍《小品方》里就说，地窖里往往有伏气，能够令人"郁闷杀人"。隋朝的《诸病源候论》里也认为地窖"多有毒气"。所以，古人进地窖时，往往先点根蜡烛，如果蜡烛熄灭，就要先给地窖通风，防止中毒窒息。

进个地窖都要如此谨慎，何况"住在地窖里过冬"。

就算地窖通风良好，住进去没有生命危险，这地窖也绝没有想象中好住。就以刚才说过的"地窖院"为例，这些有着良好通风的"地窖院"虽说没有"毒气"，却很阴暗潮湿，一开始住进去冬暖夏凉，住久了必然有害健康。

新中国成立后，许多终于搬出"地窖院"的农民回忆说，老一代住在地窖院的人，岁数大了都"驼着背走路，整天说关节疼"。而在古代，那些到处都有"地窖院"的西北地区，其实也是"有钱人才住房子，农民住在地下"。

所以说，无论古代现代，这看上去"冬暖夏凉"的地窖，都不能轻易住人。

04

在古代，地窖的主要作用不是为了住人，而是作为仓库。中国的地下储粮技术，在春秋战国年间就发展起来了，对于历代王朝来说，隐蔽且存储量大的"地下粮仓"，都是至关重要的"钱袋子"。

比如隋朝的含嘉仓就是典型的古代地下粮仓，它的总面积有43万平方米，有四百多个仓窖，设计十分科学，整个窖底的夯层厚7厘米，窖底还有以桐油为黏合剂的防潮层，防潮层上铺有木板干草，专门用来防潮。虽然隋朝是个短命王朝，但这先进的地窖设计技术却传承了下来，使大量粮食可以长期保存。

随着地窖技术的发展，古代窖藏蔬菜水果的技术也在一代代演进。从魏晋南北朝时期至明清，诸如葡萄、梨、韭菜、蔓菁都陆续可以在地窖里储藏，并让古人在冬天吃上"反季节蔬果"。

在明清年间的北京等北方大城市，兜里钱多的老百姓已经能在冬天吃上窖藏大白菜。有钱人则可借助先进的"地窖火炕"技术，在自家地窖里种菜，比如大白菜、黄瓜、豆芽、韭菜等新鲜蔬菜都能种得出来，特别是黄瓜，在明清年间的北京被称为"王瓜"，可知有多珍贵。

所以说，在古代"家里有地窖"的意义，就和今天"家里有矿"差不多。能坐拥地窖在冬天大嚼黄瓜，就是那个时代的"土豪"标配。

二　饮食篇

"民以食为天",饮食技术的不断发展,大大提升了人们的生活质量。从食材到烹饪技巧,从白开水到酒水,在古人大快朵颐的饮食文化中,也展示了中国古代不同时期的社会生产力水平。

11. 古人一天吃几顿饭

现代人早已习惯了每天吃三顿,但在漫长的中国古代史上,"一日三餐"却曾是大多数古人的奢求。

在两千多年前那个"人给家足"的"文景之治"里,名臣晁错就在其名作《论贵粟疏》里发出疾呼:"人情一日不再食则饥。"保证老百姓一天能吃上两顿饭,放在西汉盛世里,竟然是个不容易实现的治国目标。

01

殷商时期,人们把一天分成八个时段,其中就有"大食"和"小食"两个时段,也就是在上午和下午各吃一顿。

到战国时期,上午这顿常被称为"朝食",也叫"饔食",这是古人当时每天最重要、吃得最好的一顿。比如春秋年间的齐晋"鞌之战"中,齐顷公在战前就放话"余姑翦灭此而朝食",表达了"打完就好好吃一顿"的强烈愿望,也彰显了朝食的丰盛与重要。下午这顿被称为"餔食",也叫"飧食",相比之下就简单了许多，常是朝食吃剩下的，基本就是凑合一顿。

现代人习惯的一日三餐生活，对于古代老百姓来说，那是想都不敢想的。当然，对于贵族阶层来说倒并非如此。《周礼》记载"王齐日三举"，周天子一天就要吃三顿饭。根据唐朝人贾公彦的观点，当时的周天子"一日食有三时，同食一举"，就是说周天子每天的后两顿饭，吃的都是朝食的剩饭，不过这也是实实在在的"一日三餐"。不光天子可以享受一日三餐，《左传》和《战国策》里的贵族每天也多了"日中之食"，权贵门下的门客也是"日三食"。

02

从汉朝起，皇帝甚至还有了"四食"的传统，分为"旦食""昼食""夕食""暮食"，早晨、中午、下午、晚上各一顿。一天吃几顿这事儿，在古代是身份的象征，有钱有地位就能多吃一顿。

从唐朝起，能吃上一日三餐的人群范围渐渐扩大。唐朝的诗人们大多过起了一日三餐的生活。就连一生"苦吟"的贾岛，也能"林下中餐后，天涯欲去时"。贾岛所说的"中餐"，在唐朝又被称为"昼食"，也是唐朝士大夫阶层们每天吃得最好的一顿。

在城市经济空前发达的宋朝，汴京等一线城市里有正店七十二家、脚店上万家，各种小吃琳琅满目，到处都有夜宵的夜市也热热闹闹，还出现了被称为"宣索"的外卖服务。对于生活在大城市的宋朝人来说，一日三餐在民间已经很流行了。

到了明清时期，从小说《三言二拍》可以看出，明朝百姓一日三餐已十分常见，还有"饱三餐饭常知足，得一帆风便可收"的咏叹。明朝画家文徵明每天早晨吃现做的点心，中午还能喝上酒，晚饭吃面饭。这样的餐饮水平，在当时还被人称为"素俭"。在当时的江南地区，就算是工匠用人，每天也都是三顿饭。

03

当然，不同的阶层，每顿饭的讲究也不同。号称"清流"的士大夫，有时一顿饭就"水陆已过百品"。明末欧洲传教士利玛窦笔下的明朝"清流"们，深夜里还要有"加餐"，每次宴会都无比豪华，桌子上堆满各种美食，"简直会使人觉得在修建一座小型的城堡"。各位"清流"围着"城堡"大快朵颐，往往要吃一个通宵。这类"加餐"的费用，则基本上"全部由公家支付"。

根据《沈氏农书》记载，明朝中后期江南地区的佃农们，都能"春冬一日荤，两日素，夏秋一日荤，三日素"。不但能吃上一日三餐，隔些天还能吃上些荤菜。根据《乱离见闻录》记载，万历年间的广东沿海城镇，一斗米才二十文钱，一斤肉也才六七文钱，生活"百般平易"。

如此进步，也有赖于明清时期农业生产能力的发展。明清的农业亩产量，比宋朝提高了48%左右，而且二年三熟轮作制日益普及，小麦水稻推广南北，中国的耕地面积也达到了八百万顷以上。在广东地区，仅在明朝就兴建了一千六百多处水利工程，翻车水车等农具大量应用，亩产三四石都成为常事。正如当时利玛窦的感慨："产量远超过西班牙""远比欧洲富裕得多"。根据学者郭松义的推算，从明朝中期至清朝乾隆年间，抛开战乱年代，和平年月里的每个粮农每年可以向社会提供400市斤以上的粮食。要知道，清末一个粮农，平均每年提供的粮食数量不过50市斤。

老百姓能多吃一顿，就是农业经济蓬勃发展的缩影。

04

不过即使到了明清，对中国很多地方的农民来说，一日三餐依然有困难。明朝的北方农村依然对每日两餐"习以为风"。清朝，哪怕是毗邻京城的直隶地区，农村也是"中人日仅两食"，就是说中等家庭的农户每天只吃两顿饭，而且"良夕佳节七八口之家割肉不过一二斤"。甚至直至民国，《冯玉祥日记》还记载说，河南农户依然还是每天两顿，"一顿稀饭，一顿干饭，均是小米"。

这"吃几顿"的问题，见证了历代农业的发展，也见证了历代平民百姓的不易。从"多吃一顿"到"吃好一点"，谁知盘中餐，粒粒皆辛苦。

12. 古人一般吃什么肉

上一篇我们讲到，由于不同朝代经济发展水平不同，所以古人每天吃几顿饭，在不同朝代也不尽相同。其实，在不同的朝代，古人吃的肉类也是不同的。

01

在汉朝，马和牛都是重要战略资源，就算有钱也不能吃。日常的肉食，主要是猪肉、羊肉、狗肉、鸡肉，另外也有各种水产。普通老百姓家，逢年过节能吃上鸡肉。城里的贫民们如果赶上好年景，也能吃上猪下水。《东观汉记》就记载当时城里的穷人"老病家贫，不能买肉，日买一片猪肝"。

至于有钱人，那就吃得丰富了，比如把猪肉、羊肉、鹿肉、鱼肉拿来烧烤。另外还有煎鱼、煎猪肉等菜肴，都是有钱人享用的美味。

02

到了唐朝，由于养猪业的发展，猪肉更平民化了。根据《太平广记》记载，唐朝逢年过节，猪肉基本都会在民间脱销。吃鸡肉就更容易了，唐朝普通家庭基本上家家养鸡，所以才会有那句名诗"故人具鸡黍，邀我至田家"。

唐朝的达官显贵，主要都是吃羊肉，猪肉基本上不了达官显贵的餐桌。魏王李泰曾在平民家吃猪肘子，吃完后抹抹嘴，立刻警告身边人不许泄露出去。唐朝的贵族宴席，往往以鹿肉、熊肉、兔肉为贵，还有很多奇特菜品，比如用骆驼蹄子做成的驼蹄羹，就是享誉唐朝贵族圈的名品。

03

到了宋朝，中国烹饪技术突飞猛进，煎、炒、烹、炸全齐活，猪肉也更普及。根据《梦粱录》记载，每天早晨都有上万口猪送进汴京城，以供汴京百姓食用。甚至连大相国寺的和尚都经营猪肉生意，独特的杀猪菜火遍汴京。至于富人家，则依然不吃猪肉。发明东坡肉的大文豪苏东坡，用一句话概括了猪肉的地位："富家不肯吃，贫家不解煮。"富人主要是吃羊肉，特别是宫廷里，羊肉是高大上的美味。

宋朝水产价格也便宜，汴京的鱼类卖三十文钱一斤，普通人家也可以消费得起。另外还有河豚、嘉鱼等珍品，有钱人炫富时会吃。不过，由于地域差别，如螃蟹等食材在京城可以卖上千钱，在沿海一只才卖两文钱，基本等于白捡，价格差别相当大。

04

到了明朝，水产价格就均衡多了。根据《五杂俎》记载，由于交通发达，加之明朝的水产养殖技术更先进，当时北方大城市的水产市场上，各地珍品几乎都有，螃蟹的价格甚至比原产地还便宜。

明朝人的肉类食品也更丰富。特别是东南沿海发达城市，餐桌上的肉类五花八门。葡萄牙旅行家克鲁士估算过，在当时的广州城，一天要消耗掉五六千头猪和一万只鸭子，另外还有数不清的狗、牛等。

至于宋朝时属于皇家美味的羊肉，明朝时也更普及。《如梦录》记载，明朝的开封城，普通的羊肉店每天宰羊都有数只。秋天塞上风起时，北京以及河北的大城市，家家都要吃羊肉。另外鹅在明朝是珍品，明初时有"御史不食鹅"的说法，以彰显官员清廉。不过明朝中后期商品经济发达了，何止御史吃鹅，老百姓家有重大宴席，鹅肉也必须上桌。

到了晚明，一场重大宴席的花费，常是普通家庭数月的生活费。《五杂俎》里记载的一场公款吃喝，不过主客三人，却用了七十二只鸡和十八只鹅，还有一百五十斤猪肉。当时的重大宴会，往往要在肉类上争奇，甚至还有熊掌、猩唇等新鲜食材，可谓奢侈之极。

13.古人用作料烹饪肉食吗

清朝《笑林广记》里,有个关于"吃肉"的段子:县学教官的儿子与县丞的儿子打架,打输了回来哇哇哭。教官老婆哀叹说,人家县丞家的孩子天天吃肉,咱家的孩子天天吃豆腐,如何敌得过他?教官一听这话,立刻气愤不已:"这般我儿不要忙,等祭过了丁,再与他报复便了!"大意是等祭完了孔子,咱家把祭孔子的肉吃了,吃饱了再揍他。

如此讽刺辛辣的段子,却也有另一个不可思议处:堂堂清朝县学教官,竟然穷到一年到头吃不起肉,还得靠"祭孔子的肉"来打牙祭。古代普通老百姓吃口肉,真有这么难?

01

其实,古代老百姓"吃肉难",不只因为肉金贵,就连烹饪肉食所需的作料——那些今天看上去很便宜的调料,放在古代,好些也都是天价。

比如胡椒,这种腌制肉食品常用的调料,今天市场价每斤四五十元，放在古代却是天价。

胡椒在古代东西方国家都是昂贵的奢侈品，中世纪欧洲土匪打劫绑票，胡椒都可以直接当赎金用。在古代中国，它也是价格不菲。

唐宋年间形容某人有钱，都常说"胡椒八百石"。明朝中前期给官员发俸禄，常用胡椒禄米，一斤胡椒能兑换六石多禄米，"市场信誉"一直很好。

直到明朝中后期，大量胡椒通过海上丝绸之路涌入中国，才导致其价格有所回落。

02

除了胡椒这样的硬通货，其他一些今天看似普通的调味品，古时的价格也相当不菲。比如食盐，明末科学家宋应星称其为"生人所必需，国家大利存焉"。明朝的食盐价格，正常年景时已经很高昂，而且不好买，放在明末战乱年间，能涨到每斤五分纹银。很多穷人因此"终身茹淡"，一辈子吃不上几次盐。

同样昂贵的还有酱料，比起古代富人家常吃的"枸杞酱""玫瑰酱"，普通人家吃口豆酱都是奢侈。

食用油也同样如此，明清年间的食用油品种已有很多，包括麻油、猪油、菜油等，但大多价格昂贵。明清年间用来点灯的臭油，价格相对便宜，常被小户人家用来当食用油。还有很多连臭油都吃不起的家庭，炒菜只能用饭锅里的米汤。《儒林外史》里胡屠户哀叹女儿的那句"不知猪油可曾吃过两三回哩！"放那时真是实在话。

所以，古代的老百姓，就算手里碰巧有块肉，也无法煎炒烹炸着吃出花儿来。胡屠户送范进的"一副大肠"，范进也只是"叫浑家把肠子煮了"，就这么凑合着吃。烹饪？别说会不会，那会儿是真用不起。

14. 古人怎么吃烧烤

说起吃肉,怎么能不提烧烤!现在网上流行一句话:没有什么事情是一顿烧烤解决不了的,如果有的话那就来两顿,由此可见国人对烧烤的喜爱。那么,咱们中国人是啥时候开始烧烤的呢?

01

说到烧烤,这可以说是中国乃至世界上最早的一种烹饪方式了,早到可以追溯至距今170万年的史前时代,也就是说,从人类开始使用火,就开始烧烤了。

火的产生,可以说是人类历史文明发展的一项重大进步,从此人们再也不用吃那些不干净的生肉了,大大地提高了人类的身体素质,延长了寿命。

原始人用火怎么弄熟食物呢?肯定不是用手了,当然是找几个树枝,把肉穿好放在火上烤,这就是最早的烧烤了。

已出土的烧烤石器工具表明,在新石器时代,当时的人已经掌握了最早的烧烤方法。从那时开始,烧烤就已经走进了原始人的生活,我们的祖先就把抓来的兔子、野鸡,用火烤着吃了。

02

随着生产力的发展,古人已经发现了很多食物品种,这个时候烧烤就发展成了一种饮食文化,而不再仅仅是为了饮食健康。

根据《诗经》记载,最早称烤肉为"炙",《礼记》中也记载:"炙,贯之火上也。"有一个成语叫"脍炙人口",还有辛弃疾的诗里有一句"八百里分麾下炙",这个"炙"指的就是烤肉。

除此之外,《礼记》中还对吃烤肉的礼节做出了相关规定——毋嘬炙,就是吃烤肉要注意形象,不要狼吞虎咽。

春秋战国时期,吃烤肉大多出现在中原地区,但南方的楚国就不一样,楚国处于长江和汉水流域,由于挨着大江大河,所以楚国人的烧烤不仅有烤肉,还有烤鱼,比如《楚辞》中就写了很多关于烤鱼的诗句。

03

由于烤肉既美味又方便,秦汉时期人们对烤串情有独钟,多处秦汉时期的考古现场出土了古人烤串的壁画。比如《汉代画像》全集中就有烤羊肉串的石刻图像,长沙马王堆一号汉墓还出土过烤肉用的扇子和关于"牛炙""犬肋炙""鸡炙"的相关文献。

根据出土的西汉文物"上方林炉""釉陶烧烤炉",我们发现西汉时期的烧烤工具已经很科学了,尤其是对烧烤炉进风出风的设计,可以让肉被烤得均匀还不至于烤煳。据说汉高祖刘邦就爱吃烧烤,根据西汉《西京杂记》的记载,刘邦最爱吃烤鹿肝配酒。

到了东汉时期，烧烤就更讲究了。根据山东诸城市东汉孙琮墓出土的《庖厨图》来看，这个时候的烤肉，从切肉到烤肉已经有一套完整的流程了：先是宰羊切肉，分条分块，然后把肉穿成串入盘，最后放在炉子上扇风烤熟。这一套流程下来，每一个环节都有专人负责，分工细致。

此时烧烤用的炊具也变得越来越成熟，其实汉朝的烤炉跟现代烤炉已经没有多大区别了，基本外形和工作原理都没有太大的改变。

东汉末年名将关羽也是个烤肉爱好者，根据《三国志·蜀书·关羽传》记载，"时羽适请诸将饮食相对，臂血流离，盈于盘器，而羽割炙饮酒，言笑自若"，关羽受伤之际用美食来转移注意力，一口肉串一口酒，忘却眼前的疼痛，还能谈笑自如，可见这个烧烤的魅力了。

04

魏晋时期，奢靡之风盛行，烧烤当然也不例外。根据贾思勰的《齐民要术》记载，晋朝的达官显贵觉得直接烤肉太没品位了，就把上好的肉块切碎，用油脂搓成圆球，再穿起来烤着吃，这种吃法还有个专有名词——腩炙。

随着南北朝时期游牧民族大量涌入中原，牛羊肉再也不像以前那样是贵族独享的美食了，有钱的老百姓也可以吃得上。南北朝时期，可以称得上是一个全民烧烤的时代了。后来的元朝，也是草原上的民族，烤肉甚至可以直接当饭吃。

05

据《明宫史·饮食好尚》记载，一到冬天下雪的时候，皇宫里的人最喜欢的事情就是窝在屋里，一边赏梅花，一边烧烤，很是有情调。

清朝也是由少数民族创建，对于烤肉的喜爱自是不用多说。现在北京还有两家老字号烤肉店，一个是创建于康熙二十五年（1686年）的"烤肉宛"，一个是创建于道光二十八年（1848年）的"烤肉季"。烤肉宛位于宣武门内大街，烤肉季位于什刹海北沿，于是也被人们称为"南宛北季"，距今已有几百年历史了。

就连慈禧对烧烤也是青睐有加，据说慈禧自创了"福禄寿考"版烤肉，"福"是鸡片，"禄"是鹿肉，"寿"是肥羊，"考"是白鱼片，炭火是西山的银丝红罗炭，木柴是长白山的松柏枝。这配置，也就老佛爷吃得起，堪称烧烤界的"劳斯莱斯"。

15. 古人烤面包吗

在古人的餐桌上,当然不会全是肉食,还有大量的主食。比如种植小麦的地区,就是以馒头等面食为主食。如果对比中外饮食史,很多人会大惑不解:既然东西方都种小麦,都以面粉为主食,为什么中国的老祖宗们没有开发出烤面包技术,反而是蒸了千百年的馒头呢?

说到这个,就要先明确一个事实:近代之前,西方国家的面包绝不是现代人印象里松软可口的软面包,相反,多是以小麦麸皮为原料的硬面包,这种面包往往粗硬无比,特别是在中世纪,欧洲老百姓在家如果遇到意外情况,还能把面包当"板砖"拍人,吃的时候也要拿汤煮半天。这样的面包,且不说口感,单是咀嚼、吞咽的难度就比中国的馒头大得多。

现代意义上的面包,是在19世纪才传入中国,但古代版的面包,其实很早就"登陆"中国了。早期的面包制作方法很简单,往往就是把面弄成面饼,然后用烧烤的方式制作出来。比如汉朝时从西域传入的"胡饼"等食物,其实就与古代版面包很接近,也一度在贵族圈风靡,不过最终还是争不过馒头。

01

中国人之所以拒绝面包,一代代沿着蒸馒头的路子发展,其中虽然也有饮食习惯等原因,但最根本的还是烹饪技术的差异。

我们先看看欧洲面包的发展脉络。最早的烤面包出现在古埃及时期,并在公元前7世纪左右传入希腊,而后经过从希腊人到罗马人的一代代改良,烤面包作为主食传遍了西欧各地。

而在中国历史上,虽然作为馒头和面包食材的小麦也有几千年的种植历史,但比起黍等农作物来,显然年轻得多。在烤面包传入希腊时,中国正值春秋时期,当时主要农作物还是黍与粟,这类农作物显然不能烤着吃。所以,凭着当时发达的制陶与青铜冶炼技术,中国人烹制主食用的炊具多是陶制与青铜制的"甑(zèng)"与"甗(yǎn)",基本都是以蒸、煮为主。待到后来小麦大量种植,新出现的面食当然也是或蒸或煮地吃。

到了汉朝,又出现了蒸屉这种中国独有的炊具,贵的可以用金制,便宜的有竹制、木制,适用于从王公贵族到寻常百姓的千家万户,所以中国面食的发展方向,也就沿着蒸、煮的路数大步前进,馒头也就一代代演化,成为中国人习惯的主食。从这个意义上说,吃馒头还是吃面包的分歧,源自东西方烹饪装备的不同。

02

不过话虽如此,馒头在古代中国人餐桌上的主食地位,也并非一蹴而就。在蒸屉已经出现的汉朝,老百姓主要的面食还是汤饼、麦饭等死面硬饼。用发酵面食技术制成的蒸饼在东汉末年才出现。西晋年间,作为馒头前身的面起饼还是西晋太庙祭祀的专用食品。唐朝的馒头又叫笼饼、面茧,且里面还带馅,《开元天宝遗事》记载:"都中每到正月十五造面茧。"吃馒头在当时很隆重,离普通百姓距离也很遥远。

为什么馒头的普及花了那么长时间呢?一是小麦种植的推广需要时间,虽然汉唐时小麦就已经大量种植,但因储藏、收割等技术限制,直到盛唐时小麦的普及还很有限,中国人的主食依然是粟。二是面团发酵技术受限制,要蒸出好馒头,发酵是核心技术。汉朝时中国的发酵技术还是酒酵发面法,唐朝时又有了酸浆发面法,但技术门槛颇高,一般人家是没有这个技术的。当时普通人想蒸个馒头还真不容易。

03

到了宋元时代,馒头的地位终于扶摇直上了。至于原因,一是由于小麦的种植区域扩大,从中原大地一路延伸到湖北、湖南、广东各省。二是由于粮食加工业得到了极大的进步,比如在北宋都城汴京周边的水路沿线,就分布着大量的水磨作坊,每天加工出来输入汴京的粮食,"用太平车或驴马驮之,从城外守门入城货卖,至天明而不绝"。有了这么充足的面粉,面食的种类当然会丰富起来。

蒸馒头的核心技术——发酵,从宋朝开始突飞猛进。宋朝有了酵面发面法,元朝又改进成碱子发面法,都让面团发酵变得更加经济、简单。所以自北宋年间,馒头就流行起来。皇帝生日时常给群臣"赐馒头"，在民间，馒头更是成了著名小吃。临安还有蒸做面行，大批小贩从事馒头售卖。宋朝的馒头铺出售假肉馒头、笋丝馒头等多个品种，元朝用碱子发面法蒸出的馒头，也有羊肉、茄子等各种花样。当然，此时的馒头，更流行的称呼叫炊饼。

到了明清，小麦在北方已经完全成为主粮。明朝北方老百姓的主食，已是"小麦居半"，明朝时定型的酵汁发面法成了沿用到今天的传统工艺。国人餐桌上常见的馒头、馍馍、面头、小馒头、包子、花卷等不同风格的面食，特别是实心馒头，都是从明朝流传至今。

16. 古代有快餐吗

现今的生活节奏快，人们对快餐的需求很大。其实，古人对方便快捷的食品也有市场需求。可以说，随着生产和商品经济的发展，最迟在唐朝，快餐业已经成为古代中国人十分重要的生活内容。

01

根据《唐国史补》的记载，在唐朝中晚期，都城长安就出现了一种特殊的快餐业：立办。当时，唐德宗的大臣吴凑官升京兆尹，按照规矩要办宴席请客，可时间太紧，哪里来得及？没想到，两天工夫吴凑就办好了一桌豪华宴席。原来当时的长安城，就有"立办"的生意，只要你肯出钱，三五百人的酒席也能快速办好。

不过这个时候的快餐，还属于达官显贵专享。到了商品经济更发达的宋朝，快餐行业才彻底走进了寻常百姓家。汴京、临安等地，不光各种各样的快餐店铺林立，包子面条一应俱全，甚至还出现了一种"逐时施行索唤"的餐饮服务。也就是想吃什么快餐，随时点餐，随时供应，馒头、面条甚至烤鸭都有。《梦粱录》记录了当时人们点快餐的场景：七八个顾客点了不同的面食，跑堂报给做面师傅后，片刻间面就做好了，果然每碗都符合口味。

在宋朝话本《宋四公大闹禁魂张》的桥段里，跑去偷盗的宋四公下手前还不忘了点快餐。他点的是一种包着肥肉椒盐的蒸饼，吃饱之后再把京城为富不仁的员外家偷了个精光。

02

这时的快餐，还只是局限在饼、面条、肉这类主食。到明清时，随着中国烹饪技术的进步，快餐行业也在加速发展，就连炒菜类也出现在明清时期的快餐里。这全赖一种新型烹饪技术——爆炒。

根据明朝学者高濂的记录，当时明朝快餐业的爆炒技术，已经到了十分强大的地步。经常是锅里的旺火滚油烧着，生菜原料倒进锅里，迅速就炒熟可吃，简直是"一烹即起"。到了明朝中后期，诸如"水爆""生爆""熟爆"等各类炒法纷纷出现。根据《成都通览》的记载，当时成都的快餐店，基本到了"秒点"的地步，好些招牌菜肴，伙计前脚喊完话，后脚就端上来，经常惊得客人忘记吃。

03

清朝《调鼎集》记载，明清时期可以作为快餐的食品，总数多达一百六十多种。比如酥油面食品、发面食品、粉糕等食物，都是在明清时期出现的。各个城市的独家小吃快餐更是琳琅满目，甚至可以这样说，我们今天喜爱的很多典型快餐食品，特别是地方特色小吃，绝大多数都是明清时期传承下来的。

而且比起宋朝来，明清时期的快餐制作也更加简单方便。很多传统的炊具与烹饪方法，都是在明清时期成熟起来。快餐的成本也大大降低，一位师傅挑着行李走街串巷，就可以给路人做出美味的快餐小吃。多少曾经属于帝王专享的特色美食，就这样走进寻常百姓家。文明进步的意义，或许也正在于此：让我们的饮食生活，更加方便愉悦。

17. 古人喝开水吗

01

聊完了"吃"的东西，我们接下来聊一聊"喝"的东西。能喝的东西最常见的就是水和酒。"水是生命之源"，人可以不喝酒，但不能不喝水。在漫长的古代历史中，智慧的中国人虽然没有细菌学的概念，但对饮水卫生问题不仅认识得极早，看得也很深。

早在战国时期，《吕氏春秋》里就详细论述了饮水卫生与身体健康的关系，认定"甘水所，多好与美人"，而水质恶劣则会造成诸多病症，所以对水质清洁问题，古人一点都不敢马虎。

在饮用水源的选择上，古人是慎之又慎。通常要选择"长流水"，且最好"寒而清"，后来更是形成了五种验水方法。关于如何处理饮用水，古人也一直在想办法。

在汉朝，每年夏至就是清理疏浚井水的日子。在北魏，人们开始用茱萸给水井杀毒，在唐朝则是用屠苏酒药渣。宋朝的城乡水井，不但有"护井公约"，而且人们开始采用钟乳、雄黄等矿物质进行"混凝沉淀"。到了明清时期，明矾也成了重要的"水质净化药材"，一直沿用到今天。

在城市饮水供水方面，中国古代也一度走在世界最前列。东周阳城遗址里，发掘出了残长32.6米的地下陶制排水管道，以及设计精密的"阀门坑"。战国楚国纪南城遗址里，在长一公里的范围内就分布着256座水井。

"自来水"的理念，也在许多古代城市得到实践。在唐朝，竹筒水槽供水就在西南多个城市应用。到了宋朝，苏轼亲自为广州设计了"自来水系统"：以"五管大竹"把山泉水引入广州，让广州百姓"一城贫富，同饮甘凉"，很好地解决了这个国际大都市的吃水难题。明朝名将李文忠开凿龙首渠，将泉水引入西安城，"萦绕民舍，民始得甘饮"，自唐末萧条数百年的古都西安，从此焕发第二春。

02

水质的维护当然也是古代城市的重要大事。比如北宋整治成都金水河时，就特意加修了漕渠，这样，水流进入成都城前，会先在漕渠里经过净化，清洁后才进入城市。古代许多名城常年以水质清洁著称，明朝来华的传教士利玛窦，曾盛赞苏州河道的水质："清澈透明，不像威尼斯的水那样又咸又涩。"

名城的辉煌历史离不开大规模的供水工程建设，典型如明清北京城。明朝都城比起元大都位置之所以有偏离，就是因为供应元大都饮水的白浮泉和积水潭或是断流或是枯竭。所以明朝就重新改建翁山泊与玉泉山，将其与积水潭重新打通，然后将水流一分为二，既给宫廷供水又通运河，形成了影响北京六百年的水利系统。清朝乾隆年间又修整了昆明湖，将其变成供应北京用水的人工水库。

03

尽管如此，对于许多缺水的地区来说，就算解决了吃水问题，喝口好水还是很难。依旧以明清北京城为例。北京城有1200多口井，但水质"苦固不可饮"，在北京城"卖水"甚至成了火爆生意，《北游录》描述说是"车水相售"。在这种情况下，水质清洁消毒也就显得非常重要。比起前面的各类消毒手段，更安全的方法就如李时珍《本草纲目》里所说，要把水煮沸，即烧开水。

在中国古代饮水史上，烧开水的习惯也是历史悠久，孟子就说过"冬日则饮汤"。饮茶风气普及后，烧开水更是蔚然成风，一开始还只是文人雅士的专利，但到宋朝已是"纵细民在道路，亦必饮煎水"。

烧开水的工具，也在一代代演变。早年多是用鼎，宋朝出现了汤瓶，即专门烧水点茶的器具，有银制和瓷制等多种，在宋朝的各类雅集中经常出现。明朝又出现了更普及的铫，有铜制、铁制、锡制等，形态已接近今天的烧水壶，上等的茶铫用于贵族士大夫的饮茶享乐，普通的炉铫则用于老百姓家烧水。

看看明清年间的各类小说，就知烧开水在民间普及有多广。《儒林外史》里就有用炉铫来"煨了一壶茶"的情景。烧开水出现的频率也更多，屡试不第的周进昏倒在贡院时，就是同行朋友"到做工的那里借口开水来灌他一灌"，才算把人救醒。而范进中举后晕倒，同样几口开水灌下去，结果却越灌越疯。不过这也可见，明清时期烧开水还是比较常见的。

04

但话说回来，哪怕到了烧水器具不太贵的明清，"烧开水"也是一件奢侈的事，因为炭薪等燃料在整个古代史上都是价格不菲的。到明清时期，虽然煤炭越发普及，但无论烧柴还是烧炭，都是一笔不小的开支。明朝的名臣杨继盛早年做秀才时，由于家里"又乏炭柴"，所以"尝起卧冰霜，而寒苦极矣"。连享受优厚待遇的杨秀才，生个火都这么难。

在古代老百姓的生活里，平日生个火，基本就是"烧钱"。对于大部分古代老百姓来说，都是烧水不易，烧茶、烧汤更是奢侈，比较常见的饮用方法，也就是用屠苏、白矾、杏仁等物把水净化一下。

直到近代，随着自来水和煤饼、煤球进入中国，国人的饮水条件才大为改善。1907年天津卫生总局的一则示谕，也反映出当时人们对饮用水质量的重视："重提一遍，凡吃喝水，须用白矾澄清，过一昼夜，烧二十分钟，方可取用……就是自来水，亦要烧开了再吃，要紧，要紧。"

18. 古人酒量很大吗

01

古人的饮品中，除了水，酒也是十分常见的。无论贫富，爱喝酒的人总是会想办法搞到酒喝。在煌煌史册里，有时候古人喝酒时的"海量"常常惊到读者。比如那位与陈汤一起上演"犯强汉者虽远必诛"奇迹的甘延寿将军，就能做到"饮酒石余"。西汉名臣于定国更能"食酒至数石不乱"。北宋宰相张齐贤有次宴会上边吃边喝，一顿饭足足喝了一大缸酒。另一位宋朝名士石延年与朋友饮酒，饮到半夜酒坛子快见底了，又没地方买酒，干脆把残酒兑上醋接着喝，喝到天蒙蒙亮，醋坛子都见底了。

对于这些古人来说，喝好几坛而不醉是常态。不过，别被古人吓着，其实古代酒的度数，真没现代人以为的那么高。在古代，至少从商周到唐宋时期，人们喝的酒主要都是发酵酒。在发酵酿酒的过程中，一旦酒精度数超过十度，就会停止发酵。所以十度的酒，放在古人酒桌上，已经是绝对的高度酒，而且这种高度酒在古代也是相当少见的。

02

　　发酵酿酒的技术在古代经历了代代演进的过程。就以两汉来说，东汉酒的度数，就要比西汉高得多。根据《汉书》记载，西汉时"粗米二斛曲一斛"，就能得"成酒六斛六斗"。但东汉时却是"稻米一斗得酒一斗为上尊"。出酒量变低了，度数也就变高了，所以东汉《论衡》里才会说"美酒为毒"，好酒的价格也升到了"斗酒至千钱"。

　　不过，东汉酒的度数与质量，比起后面的朝代差距也很明显，这主要跟酒曲有关。东汉时的酒曲是"块曲"，还多是手工捏制，北魏时才出现了造酒曲的模具。唐宋时期应用了人工接种技术，酒曲产量大大提高。明清时期又有了分段加水法，并用明矾水来维持酸度，也正是因为如此，唐宋名贵的红曲才得以大量普及，用于酿造黄酒等酒类。但即使这样，这类发酵酒的度数，也最多能到十五度左右。

　　另外还有温度调节、投料技术的把握等，每一步都经过了千百年的演进。在唐朝，普通的米酒一般都是绿色，就如白居易诗中所说的"绿蚁新醅酒"。到了宋朝已经有黄酒、果酒、配制酒、白酒等类别，但大多数还都是"浊酒"，并非现代意义的蒸馏酒，度数也十分有限，所以范仲淹才会迎着瑟瑟秋风，咏叹"浊酒一杯家万里"。

03

　　直到明朝，通过蒸馏技术酿造的白酒，即明朝人口中的"烧酒"才开始异军突起，终于后来居上，成了古代中国人餐桌上的大爱。

中国本土的白酒起于何时至今仍有争议，但蒸馏酒的普及，无疑是从元朝开始的。特别是用于蒸馏白酒的大曲在元朝得到了普遍应用。大曲中，豆类的用量近三成，培养大曲的曲室温度也在55摄氏度以上。用如此方式培养出的大曲，再通过"蒸令器上，用器承滴露"的蒸馏，就能得到味儿更香、度数更高的白酒。这样的酒，才是对饮酒者酒量的考验。

由于蒸馏酒度数更高，制作流程更简易，产量更大，因而迅速风靡大江南北。元杂剧里就出现了"则记烧酒与黄酒"的唱词。与之前的发酵酒比起来，蒸馏酒的出现带来的更重要的意义就是使饮酒风气更加普及。原本只属贵族享用的"高度酒"的制作成本大大降低，从而得以快速地普及至民间。

04

明朝酿酒蔚然成风，皇宫里就有"金茎露""太禧白""长春白"等名品，民间名酒更是层出不穷，稍微有头有脸的士大夫，都喜欢"开局造酒"。毕竟比起之前复杂的发酵酒工艺，烧酒显然简单许多。所以万历年间，仅南京一地的士大夫们，就有33种自制美酒。市面上的美酒也是琳琅满目，每个地方都出现了代表性的名酒，比如沧州的"沧酒"、济南的"秋露白"、广东的"荔枝酒"、徽州的"白酒"，都曾名噪一时。

明朝人的饮酒消费也是越发惊人，特别是奢靡之风兴起的明朝中后期，哪怕只是中人之家，宴席上也必须有酒。烧酒普及后，对粮食的需求也大大增加。嘉靖年间，仅淮安府一地，每年造酒曲就要消耗一百万石小麦，这些酒曲倘若再用来酿酒，还要再用掉一千万石米。要知道，明初收复辽东之战，也不过动用了一百二十万石军粮，酿这些酒的粮食足够打几场仗了。

到了清朝，烧酒的规模就更庞大了。北方各省烧锅造酒成了常态，比如山东济南，"境内烧锅百余家"；雍正年间的陕西各县，"烧锅各以千计"。粮食的消耗量也很惊人。根据清朝人方苞的估算，"一日之饮，必耗二日所食之谷"。康乾盛世时期，山东滕县（今山东省滕州市）全县老百姓的口粮还不足烧酒消耗粮食的一半。

正是随着明清粮食产量的提高，中国人喝酒的度数乃至造酒的规模，才逐渐提高和扩大。但饮酒的背后，也隐藏着粮食危机。最典型的就是晚清的"丁戊奇荒"，这场席卷中国北方的灾荒，造成了上千万人死亡，而造酒业就是重要"凶手"之一。在饥荒最严重时，大量的粮食都被酒坊收走，仅直隶一地就每年消耗数百万石粮食，而朝中官员因为造酒所牵扯的"饭银"，竟迟迟不肯禁酒，以致灾情愈演愈烈。

19.古人怎么监管食品卫生

在今天的商业社会,有一系列法律保护消费者的权益,使商家不敢弄虚作假。尤其是食品安全问题一直牵动着每个家庭的神经,若销售不合格的食品,商家就会接受严厉的惩罚。那么在古代,销售不合格的食品商家会受到什么惩罚呢?

01

大唐盛世之中,酒楼林立,商业兴隆,您看那牧童的手指随意一指,就是一片旷古未有的繁华璀璨。这令人沉醉的富丽堂皇背后,正是大唐对于食品安全的严格把控。

唐朝人早已有了他们自己的食品安全法——《唐律疏议》。据记载,按照唐朝的法律,如果食品发生了变质,经营者就必须立刻销毁食品,否则就会受到杖打九十的处罚。

唐朝的保鲜条件远远不如现在,食物也不像现在这么丰富,因此总会有些经营者心疼成本,抱着侥幸心理继续出售劣质食品。针对这一现象,唐律也做了明确规定:如果经营者由于经营变质食品导致他人生病的，就罚流放一年，如果导致他人死亡的，就会被判处绞刑。

唐朝政府重拳治理食品安全的决心是坚定的，因为古代医疗水平落后，一旦食品安全把控不严很容易发展成疫情，这样的后果对于古人来说非常严重。因此古人也时刻把保证食品安全放在心上。

02

唐朝人还将食物中毒细分成故意和无意两种，再制定相对应的律条分别管理，对售卖劣质食品的经营者更会严加惩处，这些细节无一不说明唐朝人对食品安全的严格要求。不过，虽然唐朝人严格把控食品安全，却还是有黑心商家铤而走险坑害顾客，柳宗元就曾经不幸成为受害者。

有一次，柳宗元身体不适去看医生，医生对柳宗元说："你这只是一点小病，买点茯苓来吃就会好的。"于是柳宗元非常听话地买了茯苓来每天按时吃，谁知道他的病不但没好，反而更严重了。

方子明明没问题，柳宗元感到很奇怪，强烈的探索心驱使着他去寻找问题的真相。结果几经波折之后，柳宗元发现原来是药店用老芋头冒充茯苓卖给他了。

柳宗元很生气，后果很严重。

卖假药的商人落在柳宗元手里也算倒了霉，不仅被判了一年流放，还被柳宗元写到《辩茯神文并序》一文中，千秋万世背着诚信的污点。

03

宋朝承袭唐律,而且对于食品安全的把控在唐律的基础上更进一步,除了如唐朝那样对食品安全有严格要求外,宋朝还想出了许多保证食品安全的新方法。

据《武林旧事》记载,宋朝为了应对繁荣的商业市场以及众多的酒肆店铺,专门成立了各行各业的行会。官府要求所有的相关人员都必须加入行会,并且登记造册,否则就不许从事相关的行业。这有些像现代的从业资格制度,不过宋朝的行会还承担了一部分行政工作,比如各种商品的好坏首先要由各个行会审核把关,行会的领袖有权根据商品的好坏制定售价。

不过,行会的定价权可不是那么好拿的,如果商品出现问题,那么行会要承担连带责任。这就促使行会从专业的角度,先行确保售卖的商品安全无忧。

等到行会筛选过的商品流入市场后,就由政府监督食品安全了。宋朝关于食品安全的法律在唐朝的基础上更为严格。据《宋刑统》记载,经营者哪怕是在不知情的情况下把腐败食品卖给了他人,也会被杖打九十,除非他立刻将腐败食品销毁并且未产生严重后果。

04

不仅如此,宋朝人还十分重视餐厨卫生。宋朝政府规定,售卖食物的人必须把食物放在干净的器皿中出售,餐厨垃圾也不能直接往河里倒,以免污染水源,这些措施都极大地保障了人们的食品安全。

由于宋朝茶叶贸易发达,常有不法商人试图将茶叶以次充好牟取暴利。为了杜绝这一现象,宋朝政府出台了"开汤审评"的检查法。有官员专门现场泡茶,然后通过检验茶汤的颜色以及是否有杂质来判断茶叶的好坏,一旦发现弄虚作假,立刻严惩不贷。

05

到了清朝,人们对食品安全也一如既往地重视。曾有酒楼掌柜,因卫生检查时被发现将食品堆放在厕所旁,受到了打四十下手心的处罚。

其实,我国古代对于食品安全的重视远远超出我们的想象,《礼记》中就有"五谷不时,果实未熟,不粥于市"的记载,意思是没成熟的果子不能售卖,以免造成食品安全隐患。汉朝《二年律令》规定"诸食脯肉,脯肉毒杀、伤、病人者,亟尽孰燔其余。当燔弗燔,及吏主者,与盗同法",即有问题的肉类要立刻销毁,不然售卖者连同管理食品安全的主管都要受罚。

民以食为天。正是由于食品安全关系到千家万户,因此历朝历代的官府无一不是将其当作生命线来守护。

三　衣饰篇

爱美是人之天性，不但现代人爱美，古代人也爱美。古人在穿衣打扮和衣饰礼仪中有很多有趣的故事。

20.古人在袖子里藏东西不会掉吗

01

古人的衣服与今天有很大的区别,最大的区别可能就是古人的衣服都很宽大,大到可以在袖子里放东西!而且袖子里放东西这事,古人一般不会担心"掉出来"。因为古代的衣袖特别宽大,而且袖子里本身就有放东西的口袋。

当然,古代袖子里的口袋,也绝非像某些古装剧里那样在袖筒处,那样举手投足,东西岂不是哗啦啦往外掉?

长袖里的口袋往往缝在肘后部的位置。这样就算手臂活动,哪怕是鞠躬行礼,袖子里的东西都能装得十分牢靠。

当然,这个位置的口袋,放的通常也都是一些小且重要的物件,比如外出时急用的药物。所以中国古代的医书,也常被称为《肘后方》。当然更重要的是放财物,外出备用的散碎银两甚至大额银票,也经常放在这里。因为袖子里能放钱,所以官员形容自己廉洁,也喜欢拿袖子说事,号称"两袖清风"。有时候这里也可以放防身兵器，比如小匕首、小箭头，武侠小说里常露脸的"袖箭""袖刃"，都是因此得名。

这一类小物件放在袖子里，不但不会掉，相反都是关键时刻用得到的。

02

不过话说回来，就算袖子里的口袋设计精妙，古人外出携带东西，也不只是放在袖子里。因为一些大物件，一不留神还是会掉。

以带钱来说，大额的银两，有时就不敢往袖子里塞。比如明朝《醒世恒言》里，宋敦掏钱救助庙外濒死的老和尚时，就拿出"汗巾角上带的一块银子，约有五六钱重"。五六钱重的碎银子，古人就不太往袖子里放，而是放汗巾里，也就是腰带里。

事实上，与袖子里的口袋一样，汉服的腰带也是放东西的好地方。春秋战国时的人们，就常把玉佩、玉环系在腰带上。汉朝的官吏们也常把官印等重要工作物件装在皮制的肇囊里，然后挂腰带上。唐朝的"文武官咸带七事"里，更规定了官员腰带上必须挂的物品，包括计算用的算袋，饮食用的小刀，甚至还有香囊、火石、针筒等，一条腰带上挂满了生活用具。

当然，为了安全起见，一些挂腰带上不放心，袖筒又放不下的重要物件，有时也可以放怀里。古代的衣服一般是交领斜襟，到了冬天更是里里外外好几层。外加用腰带使劲一束，把重要东西揣怀里也就更安全。《史记》记载，蔺相如的副手就是把"和氏璧"揣在怀里，一路有惊无险顺利躲过盘查，把和氏璧带回赵国的。这么名贵的和氏璧都能揣，带东西自然方便。

03

　　不过,别看古代的衣服装东西方便,也并不是所有的东西都可以直接往口袋里装。所以各种携带东西的"书包"历代也是层出不穷,春秋时叫"佩囊",汉朝时叫"绶囊",唐朝时叫"鱼袋"。特别是到唐朝的"鱼袋"时,已经开始用金银铜装饰来区别鱼袋的等级。三品以上的官员,才可以用金制的鱼袋。发展到清朝,这类挂在腰带上的"书包",已经有了"钱荷包""烟荷包""扇套""耳挖筒"等多种,当时叫"官样九件":一个男人有没有身份,就看他腰间的包。

　　所以说,倘若穿越到古代,你可能会遇到一位仁兄从里到外,从袖子到腰带,都有琳琅满目的各种物件。中国服饰文化的魅力,只看这设计独特的"口袋",就能看出一二。

21. 古人为何经常在公共场合脱鞋

01

众所周知，在公开场合脱鞋属于一种不文明行为。但令人意外的是，古人的做法却恰巧与之相反。读者读史时可能会发现，在一些重要场合上古人往往会"跣足而立"。

所谓"跣足"，即光着脚。《说文解字》曰："跣，足亲地也。"龚自珍的外公、清朝经学家段玉裁作注说："古者坐必脱屦，燕坐必裼袜，皆谓之跣。"

在汉朝乃至更早之前，王公大臣在参与朝会时不仅要脱掉鞋履，有时也要将袜子脱去。由此可见，古人在公开场合脱鞋，非但不是粗鄙之举，反而是起居礼的要求。

我们都知道"倒屣相迎"的典故，不过主人公并非曹操与许攸，而是同时代的蔡邕与王粲。《三国志·王粲传》记载："时邕才学显著，贵重朝廷，常车骑填巷，宾客盈坐。闻粲在门，倒屣迎之。"曹丕将王粲推崇为建安七子之首，可见后者颇有才学。听说王粲前来拜访，喜爱提携后辈的名士蔡邕急忙"倒屣相迎"，可见他当时便是跣足而立。

02

《礼记·曲礼上》记载的"侍坐于长者，屦不上于堂，解屦不敢当阶。就屦跪而举之，屏于侧"为后人提供了两条线索：其一，《礼记》是先秦礼制典籍，这说明脱屦习俗最早可追溯到先秦时期。西周礼乐制度最为完善，则该习俗当流行于西周贵族阶层之中；其二，古人在登堂入室时需要脱屦，这应当是表明客人对主人的尊敬之意。一言一行，颇有礼制。

在一些重要公开场合，如天子举办宴会、国家举行祭祀之时，大臣上殿必须脱屦，在退堂之后，也要按照一定流程将鞋屦取走，此规定见于《仪礼·士相见礼》："若君赐之爵，则下席再拜稽首。受爵升席祭，卒祭而俟，君卒爵，然后受虚爵。退，坐取屦，隐辟而后屦。"可见，臣子为表达自己对君王的尊敬之意，需要根据一定步骤将鞋屦取下，然后寻一僻静无人处再将鞋子穿上。

如果有臣子不遵守脱屦这一习俗，则会被君王以大不敬治罪，甚至以死罪论处。哪怕是君王跟前的"红人"，也不能随意破坏这个规矩。晋国大夫师旷，其人禀性刚烈，正道直行，他劝学晋平公的事迹更是被广为传颂，但即便如此，当师旷没有遵守脱屦习俗时，也受到了晋平公的问责。

据《说苑》记载，晋平公有一次举行宴会，便命琴艺高超的师旷前来助兴，"师旷至，履而上堂"。晋平公见状，很是不满地说："安有人臣履而上人主之堂者乎？"师旷知道自己没有遵守规矩,于是便"解履剌足,伏而刺膝",以示赎罪。

从师旷的例子来看,在汉朝之前,贵族阶层对脱履习俗还是颇为严苛的。即便是在天子失官、礼崩乐坏的春秋战国时期,脱履习俗依旧被贵族阶层严格遵守。

03

进入汉朝后,脱履习俗稍微宽松了些,这具体表现为"剑履上殿"的特权。《史记·萧相国世家》中记载:"于是乃令何第一,赐带剑履上殿,入朝不趋",作为汉初三杰之一,萧何在刘邦取得天下之后被列为第一功臣。古代臣子上朝时需要脱履,然后再解下佩剑,最后迈着小碎步登堂入室。但萧何得此殊荣,自然便不需要遵从这些繁文缛节了。

尽管在两汉时期,得此殊荣的不过萧何、梁冀、曹操等寥寥几人,但不得不说,"剑履上殿"的确证明了脱履习俗在两汉时期,已经有了宽松趋势。

到了唐朝就更加宽松了。唐人高彦休在《唐国史补》中记载"韦陟有疾,房太尉使子弟问之。延入卧内,行步悉藉茵毯。房氏子弟袜而后登,侍婢皆笑"。大臣韦陟身体有恙,当朝太尉房琯听说后,遂派家中子弟前往探病。房家子弟来到韦陟家中后,脱掉鞋履,只穿着袜子登堂,反而遭到取笑。由此可见,唐人已经不再严格遵守脱履习俗,而房家子弟脱履反倒被认为是迂腐。

04

不过脱履习俗依旧活跃在一些国家级的重要场合中。《明史》

记载:"庙享前期一日,有司以席藉地,设御幕龄坛东南门外,设执事官脱履之次于坛门外西阶侧……协律郎、乐舞生依前跣袜就位。"可见在明朝,脱履习俗依旧是祭祀礼仪中的重要一环。

如今,脱履习俗在中国已经不再延续,但它对日本、韩国等国依旧产生了深远影响。众所周知,日韩等国在室内时,不仅席地而坐,也严格遵守跣足的规矩,这个习惯,应当就源于我国的脱履习俗。

据《旧唐书》《新唐书》等古籍记载,在公元7世纪初至9世纪末约264年的时间里,日本先后派出遣唐使十几次,来学习华夏文明,韩国也不例外。《宋史·高丽传》也说:"高丽乐声甚下,无金石之音。既赐乐,乃分为左右二部。左曰唐乐,中国之音也;右曰乡乐,其故习也。堂上设席,升必脱履,见尊者则膝行,必跪,庸必唯。"

可以看出,宋朝曾与高丽国密切往来,并积极交流宫廷乐舞礼仪,脱履习俗也传到了高丽。

22. 古人如何"变美"

01

在"为了美不要命"这件事儿上,首先值得一说的,是魏晋南北朝的食玉之风。

在古人的观念里,玉一直有极高的地位。名贵的美玉不但是珍贵的宝物,更是财富与权力的象征。发展到魏晋南北朝时期,爱玉爱到骨子里的"魏晋精英"们,开始流行起一个奇特的现象——爱玉,就把玉吃下去!

食玉之风从此流行。

可这玉虽然美丽动人,到底是块冷冰冰的石头,怎么能吃得动呢?这可难不倒那群"精英"们。磨成粉屑当饭吃,就成了"玉屑饭"。还可以捣成米粒大小,用酒泡着喝,就成了"玉液""玉酒"。好些"聪明人"还不断加作料,比如可以用"无心草木和之",简直成了"有玉有草"的"大餐",放开肚子大吃。

为什么会有这种奇特风气呢?

原因有很多。在那个文化杂乱、社会动荡的时代，这些出身门阀家族且衣食无忧的文人士大夫们，却常深感空虚寂寞冷，加上有时瘟疫横行，即使他们这群特权阶层也难免会感染瘟疫。而食玉这种行为，传说中既能"一生无疾"，甚至还能"刃之不伤，百毒不死"，也就是能吃成金刚体质，还能不知不觉就"乘烟霞而上"，实现成仙愿望，当然引得这些风流人士趋之若鹜。

除此之外，同样很重要的一个原因是"爱美"。

魏晋南北朝是个出了名的"看脸"时代，特别是魏晋精英们，几乎个个追求"美姿容"。拥有一身如玉一般洁白丝滑的肌肤，是多少魏晋风流人物的愿望。

那如何拥有呢？当然就是"食玉"。当时人们认为食玉可以"润心肺，助喉咙，滋毛发"，能"越吃越美"。南北朝学者陶弘景鼓吹说：有人"食玉"之后就死掉了，结果死了三年面容栩栩如生，丁点没腐烂。

既然死了还能驻颜，那么这群风流人物为了追求青春的姿容与动人的颜值，当然是往死了吃。可这玉器属于名贵产品，哪够他们吃的？于是吃急眼的他们，又打起了死人的主意。李预、吴延稚等"名流"竟然偷坟掘墓，把古墓里的玉器一件件挖出来吃。这一通缺德操作，给中国文化带来了不可估量的损失：大批具有重要价值的玉器文物，就这样被吃得精光，以至于现代人考古，都很难发现魏晋南北朝的玉器。

如此"海吃"，美容效果又如何呢？其实想想就知道，且不说"玉"里的毒素有多大，就说长年累月把一堆肠胃无法消化的"玉石粉"吃到肚子里，正常人谁能受得了？单是魏晋南北朝的典籍里，就记载了很多人"食玉"后"身体发热""目痛如刺""关节疼痛"等症状。

那人"吃美"了吗？答案是并没有。

现代考古学者在南京地区的南北朝墓葬里，发现墓主清一色是年轻人，根据考古推断："与他们生前大量服用汞、玉粉不无关系。"

也就是说，"食玉"的效果就是让这帮人一个个吃到英年早逝，虽然没"吃美"，但起码"永葆青春"了。

好在这种畸形的爱美嗜好在隋唐年间渐渐绝迹，只在那个荒唐的魏晋南北朝做了一个特殊注脚。

02

比"吃玉爱美"更荒唐的，是从宋朝开始，折磨中国女性近千年的陋习——缠足。

中国古代女性究竟是何时开始缠足的？这个争议很多，有说是三国时期，有说是春秋时期。但无可争议的事实是，一直到北宋神宗年间，中国民间还是"尤少缠足"。

不过，南唐后主李煜就喜好女子缠足，这位今天还以"问君能有几多愁"的深情形象感动无数人的国主，历史上却对女子的"小足"有着变态般的痴迷，他最喜欢看小脚嫔妃穿素袜在六尺金莲上跳舞，从此"妇人足弓，于南唐渐成习俗"。

也正是从这时开始，女子"小脚美"成了一个审美趋势。苏轼等"文化名流"更是不惜笔墨，大赞"小脚之美"。所以虽说北宋神宗年间缠足风气还不普及，但发展却极快。北宋亡国的时候，

"缠足"已是"贵族女性圈"的时尚。那位与宋高宗有"疑似兄妹关系"的柔福帝姬,就因为一双"大足"惹来了怀疑。到了南宋末年,"小脚"已经成了民间对女子的代称。

为什么"小脚美"的审美意识起于此时?与其说是李煜的"变态审美"引领时尚,不如说是封建礼教在作祟。从宋朝开始,中国的封建礼教日益森严,男尊女卑的封建等级制度也日益强大。对女子的审美也发生了变化,病态美逐渐成了主流。而且那时女子既要"无才便是德",更得"大门不出二门不迈",裹了小脚当然更方便。正如明朝《女儿经》所说:"为甚事,裹了足?不因好看如弓曲,恐她轻走出房门,千缠万裹来拘束。"小脚美?不过是封建礼教土壤滋生出来的病态审美。

到了明清年间,女子缠足的习俗更是深入民间。比如在当时北方各省农村,由于女子家家缠足却又必须下地劳动,所以出行时需要手持向日葵当手杖。另外各地还有"赛脚会",往往都是在逢年过节的庙会上,让各路女子当场"赛脚",选出"王""霸""后"等名次,这在当时可是当地的一件盛事。

所以也就不难理解,为什么鲁迅笔下的清末农民阿Q,在土谷祠里做大梦时,会流着口水如此念叨梦中情人吴妈:"吴妈长久不见了,不知道在那里,——可惜脚太大。"

而且必须说的是,古人对于"小脚美"的要求,可不只是"脚小"。从宋到清,这个标准一直在"细化":不但要小,而且要缩成弓形,姿态要讲究,清朝更形成了"瘦小尖弯香软正"的七字标准。还有些当时的无聊文人,道德文章都顾不上研究了,一辈子深扒狠钻,专门研究什么样的小脚才最美,还写了《金莲品藻》等品鉴小脚题材的书，把这病态审美推到了极致。

缠足给千千万万的女子带来了一生的痛苦。学者李蔚红在其作品《寻找中国最后的小脚女人》里，详细记录了缠足在小脚女人心中的痛苦回忆。81岁的魏凤春老人8岁开始缠足，第二天"脚就肿了起来"，以致她"不停地哭"。77岁的韦玉泉老人6岁开始缠足，脚上的第三四五根脚趾全都折断后红肿溃烂。她长出了标准的三寸金莲，走路时却必须扶墙，站立时还要不停换脚……

这样的痛苦，是在一千年的岁月里，千千万万个在"男尊女卑"阴影下成长起来的女性共同的痛。乾隆年间就有女子写诗怒斥："不知缠足何时起，起自民间贱丈夫。"

尽管辛亥革命后，政府曾明令禁止缠足，但在全国大部分地区，"禁止缠足"长期以来就是空文。直到1950年，国家下达了关于禁止妇女缠足的命令，全国各地掀起了"放足"的热潮。缠足这个陋习才终于被扔进了历史的垃圾箱。

23. 古代女子怎么涂口红

01

在对美的追求上，几千年来，女性有着异乎寻常的热情，不分地域和民族。

世界上第一支口红在乌尔地区被发现，大约位于伊拉克境内，这一带也是已知最早的文明发祥地之一。而早在五千年前，古埃及人就已经会使用黑色、橘色、紫红色的口红了。中国对口红的使用也至少可以追溯到先秦时期。

楚国宋玉的名篇《神女赋》有这样的描述："眉联娟以娥扬兮，朱唇的其若丹"，这里的"丹"即指朱砂，是唇部化妆品的主要原料。朱砂本是固体矿石，当然不能直接和细嫩的口唇接触，于是一种类似唇膏的发明便横空出世。先将朱砂研磨成粉，拌入动物油脂，再将其凝固成膏状，如此既能滋润口唇，又可增添颜色。

北魏的《齐民要术》中，又明确记载过一种有香味的口红的制作工艺：先将丁香、藿香投入到微温的酒中，借酒力吸收香料之味。待浸透后，用棉布过滤掉香料，保留温酒，再将牛油放入，慢火熬制，趁热掺入朱砂细粉，并以青油增其亮度，搅拌均匀后再自然冷却，如此即成。这种口红是装在容器里的，除了不能像现代口红一样旋转使用，功效上基本没有区别。

02

汉朝以后，出现了专门的唇部化妆方式——"点唇"。点唇时上唇小，下唇大，嘴角部分用粉遮盖。魏晋时期崇尚淡妆，即根据点唇者的嘴型稍作点缀即完成化妆。到了唐朝，国力强盛气象恢宏，女性纷纷解放自我，用最明艳的色泽凸显出自信张扬的个性。她们先将妆粉涂满整个嘴唇，再用口红画出唇型，与汉朝相反，上唇大，下唇小。

"烈焰红唇"的妆容视觉冲击力相当强，我们如今引以为豪的盛唐气象，也蕴含了女性唇间的风采。大唐国力充裕，从上至下都洋溢着富贵奢靡的风气。唐玄宗的女儿永乐公主是个"化妆控"，不仅亲身投入口红的研发事业，还为此专门在宫中开辟了一处种植各类香料的园圃。据记载，能用来制作口红的植物就多达二三十种。当时没有漱口水和口香糖，掺入了香料的口红，便成了清新口气的利器。

03

到了唐朝中后期，上流社会还流行起了管状口红。元稹的《莺莺传》里，崔莺莺收到张生从京城捎来的化妆品中就有管状口红。莺莺在给张生的回信中说："捧览来问，抚爱过深。儿女之情，悲喜交集。兼惠花胜一合，口脂五寸。"隋唐时期的5寸相当于今天的15厘米，再加上是从京城购买，这份礼物应该价值不菲。最终张生成功抱得美人归。

除了常见的红色，唐朝口红还流行过一阵异域风，即将嘴唇涂抹成黑色，当时这种黑色的口红被称作"乌膏"。据《新唐书·五行志》记载，唐宪宗元和年间，"妇人为圆鬟椎髻，不设鬓饰，不施朱粉，惟以乌膏注唇，状似悲啼者"。对此，保守的诗人白居易就非常不满，称其"非华风"。

之所以会出现这样怪异的口红，和当时大唐与世界各国之间频繁往来是密不可分的。大唐以包容四海的胸怀，向世界展示着自己雍容华贵的气度。而自宋朝到明清，随着对外交流由开放转向封闭，女性的唇妆也逐渐回到以娇小为主流的审美，往往下唇只在中间点染一颗小樱桃状的口红，以寓意樱桃小口一点点，来映衬自身的娇柔。

04

南唐后主李煜写过一首词《一斛珠·晚妆初过》，描写了美女涂抹口红、做完口腔护理后一连串的动作：

晚妆初过，沉檀轻注些儿个。向人微露丁香颗，一曲清歌，暂引樱桃破。

罗袖裛残殷色可，杯深旋被香醪涴。绣床斜凭娇无那，烂嚼红茸，笑向檀郎唾。

词中的"沉檀"即是口红的种类,根据李煜的地位,词中美女使用的口红应该是古代的限量款奢侈品。

电视剧《水浒传》有这样一个镜头:神情落寞的潘金莲独坐窗前,将一张红纸放在唇间一抿,双唇马上变得红润起来。此处镜头的确写实,自唐朝后,这种简易的口红就在民间被广泛使用。

这种口红又称"薄片胭脂",和装在容器里的口红不同的是,它的制作和材料都显得粗劣,用棉纸浸染红蓝花汁并待其风干后即可。这种口红虽然携带方便,但要先用唾液使其融化才能给唇部上色,场面毕竟有些不雅观。"薄片胭脂"注定只会出现在底层妇女的闺阁里。

四　民俗篇

　　在古人的日常生活中，有着很多独有的传统文化与规矩观念，这些文化的演进甚至还影响了一些动物在人们心目中的地位，可谓十分有趣。

24. 古代有哪些门神

每逢春节将近,门神就要隆重登场,所谓"千门万户曈曈日,总把新桃换旧符",门神就是要换的"新桃",是传统春节的标配之一。

历史上的门神,人们最熟悉的就是左门神尉迟恭和右门神秦叔宝。有些地方供奉着小众门神组合,比如赵云和马超、孙膑和庞涓等。所以,门神岗位并非尉迟恭与秦叔宝的专属,也不是一直都由二人担当。其实,这二位初唐的武将真正在门神岗位上岗,还是宋朝以后的事。

01

商周时期的门神是老虎,老虎乃凶猛之物,它一出场,邪祟就吓跑了,从而能起到镇宅保平安的作用。

到了汉朝,人民群众发现自然界里的两种动植物可以避邪,老虎就被新门神取代了。左扇的"神荼"是一种叫荼草的植物,可让百虫不侵,取避疠疫之意;右扇的"郁垒"是螺蛳,一遇到危险就缩进硬壳里，取保宅平安之意。

上古神话里把神荼、郁垒都人格化了，传说他们是能制伏恶鬼的兄弟，住在长满桃木的度朔山下。他们能将恶鬼用苇索捆缚起来喂老虎。汉朝老百姓每到除夕就用桃木削成神荼、郁垒的形象立在门上，同时在门上悬挂苇索以供这二位驱恶鬼。

后来，因为雕刻人形太麻烦，魏晋南北朝以后就简化成在桃木板上写上神荼、郁垒的名字，然后挂门上，这就是"桃符"。

即使到了尉迟恭和秦叔宝当门神的时代，富贵人家仍以神荼、郁垒当门神，以显示与老百姓家的门神有所区别。

02

到了唐末、五代时，钟馗开始担当门神，其"眼如点漆发如虬，唇如猩红髯如戟"的形象深入人心。

据《历代神仙通鉴》记载，钟馗是唐初陕西终南县人。他是个文武全才，在唐武德年间去京城应试。本来他对金榜题名很自信，可是主考官见他颜值太低，怕皇上责怪遂不予录取。钟馗因面子大跌，无颜以对家乡父老，愤而撞死在殿前台阶上。后来皇帝知道了这件事很惋惜，赐以红官袍安葬钟馗。

钟馗在人间因颜值而吃了大亏，可是在阴间却很吃得开。他本来就有一身好武艺，长相又能让恶鬼退避三舍，因此在"捉鬼"业务上相当有优势。

《唐逸史》中记载，唐玄宗有次患病在床，梦见有只小鬼来偷杨贵妃的紫香囊和他的玉笛，吓得玄宗绕殿狂奔。正在这时，来了个大鬼一把揪住小鬼，挖了小鬼的眼睛就吃。玄宗问大鬼是何许人，大鬼回答："臣钟馗，即武举不捷之士也，誓与陛下扫除天下之妖孽。"玄宗梦醒后，病居然好了。他向吴道子讲述梦中所见，让吴道子画下来，并昭告天下。于是从五代至北宋，门神就成了钟馗。

03

到了宋末，钟馗的地位得到"提拔"，被人们挂进了房屋中堂。门神的位置又空了出来，这才有尉迟恭、秦叔宝的补位。

尉迟恭、秦叔宝都是唐朝开国功臣，武艺超群，位居"凌烟阁二十四功臣"，在民间的口碑也相当不错。

据说，唐太宗在"玄武门之变"中杀了自己的亲兄弟，因此被鬼魂所扰，患上了失眠症。秦叔宝自告奋勇，和尉迟恭一起为太宗夜里守门，保证皇帝能宽心睡个好觉。这一夜太宗果然睡好了，从此两人每晚为太宗守门。太宗心疼臣子，遂让人画了二人的形象贴在门上。

后来，老百姓认可尉迟恭、秦叔宝的人品和能力，所以门神也请这二位一同担当。《西游记》里也有关于尉迟恭、秦叔宝当门神的故事记载。

门神或画或印在纸上，五彩斑斓很有装饰效果，能为新春佳节增添吉庆色彩。某些地方换门神时间也有讲究，新旧门神的替换必须在除夕夜的亥时与子时交替时进行。

贴门神这一风俗千年来能够延续传承，说明这个形式得到了老百姓的认可，可谓生命力相当蓬勃旺盛。

25.古人为何贴"福"字

01

前文讲到春节贴门神,其实除了贴"门神",中国人在春节还会往门上贴"福"字。

"福"字可以说是中国最古老的文字之一,距今约有三千年的历史,早在殷商时期出土的甲骨文中已有见证。

甲骨文中的"福"字字形虽然多样,但大致都是如此模样:左上部分是个"酉"字,这是一种盛酒的容器,这实际上也是"酒"字的初文;左下部分是两只"手",表示双手捧着一个酒樽;右半部分是个"示"字,代表祖先的神主。整个字的意思,就是后辈双手捧着酒在祖先的神主前祭献,求得神主保佑。

到了西周时期,发展到了金文阶段,"福"字开始出现了不同的形式,首先是该字的左右结构换了个位置,"示"由右移到左,而原先左边捧酒的两只"手"被省去了,只剩下个"畐",从左移到了右边。

一直到春秋时期,"福"字都被用作祭祀以求保佑。《左传·庄公十年》里所说的"小信未孚,神弗福也"意思就是说,小的诚心没有达到打动人的地步,那么神是不会保佑他的。

02

到了战国时期,法家的代表人物韩非子认为保全生命、获得长寿、财产富裕、权位高贵,就叫作"幸福"。可以说,到了战国时期,"福"字已经被引申出了新的内涵,开始注重个人幸福而不单单是与祭祀挂钩了。

与之相应地,秦朝小篆的"福"字形体在基本沿袭了金文字形结构的同时,其右半部分也走向了线条化,不再像盛酒的酒樽了。我们现在常用的楷体结构与小篆的结构基本一致。这个新的"福"字,寄托的是古代老百姓祈求得到田地以满足温饱的愿望。

03

关于"福"字,最著名的典故莫过于清朝康熙帝御笔所题写的天下第一"福"字。

康熙十二年(1673年),孝庄太后在六十大寿将至之际得了重病,宫廷太医束手无策。百般无奈之时,康熙帝查知上古有"承帝事"请福续寿之说,于是亲自为祖母请福。康熙帝沐浴斋戒三日后,一气呵成地写成倾注了对祖母至孝的"福"字,并加盖了"康熙御笔之宝"印玺,取意"鸿运当头,福星高照,镇天下所有妖邪"。孝庄太后自得到了这"福"字,百病全无,以75岁高龄得以善终。

民间俱称这是康熙"请福续寿"带来的福缘。而且，由于康熙一生很少题字，有"康熙一字值千金"的说法，所以这个"福"字被称为"天下第一福"。孝庄太后曾特意让工匠将这个"福"字刻为石碑，现在，这个御笔书写的"福"字碑已经成为北京名胜恭王府的"镇园之宝"，每年为沾其福运而来的游客可谓是络绎不绝。

04

在民间，门前贴"福"字的习俗广为流传。传说，当年姜子牙封神的时候，把自己的妻子叶氏封为"穷神"，还告诉她说："有福的地方，你不能去。"从此，家家过年贴"福"字，就是告诉穷神：我这里是有福的地方，你千万不能进来。"福"字也就成为摆脱穷困、追求幸福的象征。

这则民间传说具体起源于何时，当然已经无从考究了。但贴"福"字习俗最早的文字记载，则出自宋朝吴自牧的《梦粱录》。"士庶家不论大小家，俱洒扫门闾，去尘秽，净庭户，换门神，挂钟馗，钉桃符，贴春牌，祭拜祖宗"，所谓"贴春牌"，就是把大大的"福"字写在红纸上，贴在大门前。由此可知，贴"福"字的风俗，至少从南宋已经开始，可谓历史悠久。

05

中国人常常说"五福临门"，意思是希望五种福气都能光顾自家门楣，给家人带来一年的好运气。"五福"的说法最早见于五经《尚书·洪范》篇，里面说的五福分别是长寿、富贵、康宁、好德、善终。

不过，后来由于避讳等原因，五福也有了变化。东汉桓谭在《新论·辨惑第十三》中，把第五福替换为"子孙众多"。后来的五福又变成了长寿、富贵、安乐、好德、子孙众多。在现存的古代院落中，常常能在一些雕梁画栋上见到五只蝙蝠的图样，其寓意就是五福临门。

26. 古人真的认为"天圆地方"吗

古代的科技并不发达,人们对于自然现象的发生总有一些神奇的想象,古人的宇宙观也是如此。

"杞人忧天"这个成语,出自《列子·天瑞篇》,说的是在杞国有一个人,整日因担忧天会突然塌下来而寝食难安。这时来了一个人告诉他说,这天啊,不过就是一团气,我们每天都在气的包围中呼吸生活,又怎需担心它塌下来呢?可杞人依旧不能放心,他又问道,那若是日月星辰坠落下来怎么办?那人说,日月星辰也不过是一团会发光的气体,即便坠落,也伤不得分毫。杞人听说后便最终放下心来。

实际上,这个故事并不仅仅只是一则寓言,它的背后显示的是当时古人的一种宇宙观。

01

春秋战国时期,有人认为天无形质,只是气体聚集之所。天高远无极,日月星辰悬浮悠游其间,亦只是发光的气体积聚,其动静皆赖于气,这种力量便是"宣夜说"。

宣夜说的提出说明了最晚至战国时期,人们就已经认识到了无限宇宙的存在,从而打破了"天圆"的传统说法。可惜的是,更早阐述宣夜说的理论著作没有保存下来,后世只在《晋书·天文志》中留有概述。

而在更早之前,人们就有了对于天地起源的认识。古人认为,天地还未成形之前,是一片空蒙混沌,在这虚空之中出现了"道"。所谓的"道"可以理解为一种鸿蒙的能量,这种能量化生出了时间与空间,即宇宙。宇宙又化生出气,其中清而明的部分上浮为天,重而浊的部分下沉为地。

生活在公元纪年之前的古人,既没有自然科学作为理论支撑,也没有精密的测量工具可以利用,他们仅仅凭着对于天地自然的感悟,便能提出与现代自然科学所推导出的"宇宙大爆炸"相近似的观点,实在令人惊叹不已。

《庄子·应帝王》中讲了这样一个故事:南海之帝儵与北海之帝忽,有一天相遇在中央之帝混沌的地盘上。由于混沌待他们俩极好,儵与忽便商量该如何回报混沌。最后两人想到人有七窍,可视、可听、可饮食、可呼吸,而混沌却没有,不如就为他凿出七窍来。于是儵与忽日凿一窍,七日后混沌死。在庄子的这则寓言中,儵、忽指的是时间,南、北、中指代的是空间,混沌是天地化生之前的状态,而七窍开混沌死,这其中的深意,耐人寻味。

02

有了关于天地起源的说法后,对于天地的形态,古人又逐渐产生了各种观点。最早成系统且影响最为深远的便是"天圆地方"之说。

古人通过夜间看星星发现，无论在哪里看星星，与星星的距离似乎都是相等的，整片天幕有如穹顶，于是便有了"天圆"之说。而大地除去山脉深壑的褶皱外几乎是平铺无际的，从"地方"之说，又延伸出了东、西、南、北、中的"五方"和东北、东南、西南、西北的"四隅"，这样看起来大地便像是一个"九宫格"，于是整个大地被视为"九土"，这也是后来"九州"的来源。

关于天圆地方，还有这样一个巧合，《内经》中说人的头圆像天，脚方像地，不知这对于古人"天圆地方"的宇宙观是否也有影响。

03

古代的人虽无法真正去观察宇宙空间，但他们另辟蹊径，从几何学的角度去看"天圆地方"的观念，发现其中似乎确有缺漏之处。若天是圆的，地是方的，那么天地之间该如何相接呢？

为弥合天地之间的"缝隙"，古人又想象出了"天柱"：在大地的八方之极，各有一座大山支撑天穹，于是就有了共工怒触不周山的神话故事。据《淮南子·天文训》记载："昔者共工与颛顼争为帝，怒而触不周之山，天柱折，地维绝。天倾西北，故日月星辰移焉，地不满东南，故水潦尘埃归焉。"这不周山，就是古人想象中位于西北方的一座天柱山。

04

《尚书》里说太阳出于旸谷，落于昧谷，那这两处是否就是东西之极呢？可人们渐渐发现，无论爬到多么东边的山顶去看日出，太阳都在更东方，日落亦然，而人们仿佛一直处在中心。至此，古人便意识到，原来天地竟是不相连通的。天地既然不相通，那么"地方"之说就是无稽之谈了。根据"天圆"之说，古人又推导出大地为中间高、四周低的形状，而非全然的方形，"天似盖笠，地法覆盘，天地各中高外下"，由是便产生了"盖天说"。

盖天说认为北极为地面上的制高点，整个星空是围绕着北极中心旋转的。根据盖天说的理论，古人又将太阳在一年之中的运行轨道划分为"七衡"，而其中的"外衡""内衡"和"中衡"就相当于南北回归线及赤道。而那时古人就已经注意到东西方因经度不同而产生时差的问题了。

05

在很长一段时间内，人们都以为天是一个半球形的天穹，这意味着我们还只认识到一半的空间。但与此同时，也已经有人开始思考，太阳由西方落下到次日从东方升起之间是否也存在着一个空间。

在战国时期的曾侯乙墓中，就有一个绘有二十八星宿图的漆箱盖，它证明了最迟在战国，古人便已有了"天球"的概念。于是在半球形天穹的基础上古人又提出了完整天球的"浑天说"。

将浑天说理论发展成熟的是东汉的张衡，他的《浑仪注》里说："浑天如鸡子。天体圆如弹丸，地如鸡子中黄，孤居于天内，天大而地小。天表里有水，天之包地，犹壳之裹黄。天地各乘气而立，载水而浮。"张衡还根据浑天说的理论改进了"浑天仪"来模拟日月星辰的变化。

06

盖天说、浑天说与前面提到的宣夜说在古时人们宇宙探索的观点中呈"三足鼎立"之势，它们所产生的时间大致相当，但又分别自成体系。这说明古人其实在很早的时候就开始探索宇宙的真实状态，而非只凭借神话与想象。

古人相信，宇宙初始便自有一股能量，这股能量先化生为气，阴阳气的交融又化生出了万物，这便是将精神与物质融为一体的宇宙"生成论"。中国古代的宇宙生成论有别于西方的造物主"构成论"，它所反映的是贯穿于传统文化之中的"天人合一"观念，古人认为万物自有灵性，而这种灵性就是精神。

27. 古人怎样看月球

01

除了"天圆地方"的宇宙观,在古人对于外部世界的认知里,高高在上的月球,也常引来无数神往与猜想。特别是那传说中月球上清冷无比的广寒宫,更在古人的想象世界里一代代"丰富"起来。

宋金时期,金国统治者曾在今天北京北海公园琼华岛上,模仿传说中的广寒宫模样,修起了著名的"广寒殿",后来于明朝万历年间坍塌。而北京后英房元大都遗址出土的"元代广寒宫图漆器残片",更让我们看到了古人想象中的"广寒宫"世界。精美的图案上,那云气环绕的三间楼阁,清冷幽深的意境,几百年里"冷"到深入人心。

那么问题来了。虽然以现代科学家的测算,月球的地表最低温度常在零下180摄氏度左右,可在科技条件落后的古代,古人为何也能感知到月球的"冷",甚至能凭空想象出一座广寒宫来?这事儿,就得先看看天马行空的中国古代神话了。

在古代神话传说里,月球上的一切,都被中国古人解释得明明白白。比如为什么古人会觉得月球很冷?可以看看中国古代神话里月球的来历。按《淮南子》的描述,月亮就是"积阴之寒气,久者为水,水气之精为月",如此来历,着实够"冷"。

02

中国古代的神话不但解释了月球为什么冷,更给月球的运转设立了一整套规则。《山海经》里认为,"石夷"就是掌管月球运转的神。《楚辞》更告诉我们,月亮每天的升落其实都要"乘车",为月球驾车的神仙叫作"望舒"。《灵宪》《五经通义》等典籍还描述,广寒宫里不光有美丽的嫦娥与砍树的吴刚,还有玉兔、蟾蜍等小动物。甚至诗人闻一多为了考证广寒宫里到底有兔子还是有蟾蜍,出了一堆研究成果。

这一类的神话传说,当然不只停留在典籍里的文字上。在不同的时代,它们演变出了各种形态:长沙马王堆的汉朝帛画里,就有月下的玉兔和蟾蜍;山东滕州西汉晚期的石侧板上,更有"兔子捣药"的画像;明清时期的"犀牛望月铜镜架",把广寒宫搬到了女子的梳妆台上;还有作为青花瓷精品的"青花嫦娥玉兔图八角盘",更是让广寒宫里的嫦娥玉兔来了一场"阖家欢乐"的展示。

可以说,对于月球上广寒宫的畅想,贯穿了中国古代从典籍到日用品的方方面面。而且,千万别以为这一类神话都只是凭空想象,相反,它们有许多科学的假想。比如唐朝段成式的小说集《酉阳杂俎》里,就有对月球的"神判断"。

书中两个游历嵩山的读书人,误打误撞碰到了一个白衣的"月球人",然后得知了关于月亮的大秘密:月亮根本不是个圆盘,而是个球体。它是由"七宝合成",上面不但凹凸不平,而且自己并不发光,是"日烁其凸处也",也就是反射太阳的光。

虽说小说里,八万两千户月球人修月球的事儿自然是虚构的,但一段简单的描述里,"月球由七种物质构成""表面凹凸不平""靠太阳发光"等描述,对比现代科研成果,已经高度吻合。连月球的这些"秘密",中国古人都早早拿来编小说了,所以知道月球很冷,也真不算个事儿。

03

实际上,这一类的描述,不光来自中国古人探索世界的渴望,更来自一代代科学家孜孜不倦的研究与猜想。在中国历代的天文研究里,月球从来都是重点研究对象。比如代表宋朝天文成就的天文仪器"浑仪",就分了内中外三层,其中层上标注了"黄白赤"三个颜色的圆环,其中"白道环"正是代表月亮的位置。

而对于月食的记录,古代中国也早早走在了世界的前列。早在西汉末年,学者刘向就点出了"日食之,月往蔽之"的科学规律。而月球反射阳光的真相,不光被《酉阳杂俎》写进了小说,更是早在《灵宪》等科学典籍里,就有了深入浅出的阐述。

日食月食同时发生的"日月交食"现象,在中国古代有详细记录,在《史记》《三经历》里还有明确的"交食周期"。比如《史记》里,就把"交食周期"定为113个月。放在同时代的世界上,这是一个相当了不起的成就。

这样的成就，不仅是天文学层面的突破，在古代生活里，还有着十分重要的现实意义：古人对月球的研究，既是为了满足对未知世界的好奇心，也为了眼前的生产生活。其中很重要的一条，就是对潮汐的测算。

04

中国沿海一万八千多公里的海岸线上，咆哮的潮汐不只是壮丽的景观，更是航行与生产的巨大威胁。而早在东汉时，学者王充就道出了潮汐的规律："涛之起也，随月兴衰。"

研究潮汐，就要看月亮。所以，从汉朝起，在经历了一代代艰苦的测算，以及一波又一波惨烈的潮汐灾难后，皎洁的明月，终于成了中国古人洞悉潮汐奥秘的突破口——唐朝大历年间，学者窦叔蒙首作《海涛志》，以"月与海相推，海与月相期"的先进理念，成功总结出以月球的变化推算潮汐时刻的方法，是为"窦氏潮汐表"。发展到北宋，科学家燕肃更进一步，不但发明了新型水钟莲花漏，更写出了推算潮汐的《海潮论》。对此，英国人李约瑟惊叹道："怎么会精密到如此地步，我们是不清楚的。"

从唐朝到鸦片战争前，中国人对于潮汐的认知，也在一代代不断深化。科学家们不仅能够测算潮汐的规律，还记载了潮汐的生态景观。与之相对应的是中国东部沿海海堤与海塘建设得红红火火，浙江余姚等地的明清时代大海塘，至今仍然坚固无比。掌握了潮汐规律的中国船队，也一次次在古代海上丝绸之路上扬帆远航。无论对于中国科学史，还是对于古代中国经济文明的发展，这都是一个了不起的成就。而这一系列的变革，都是从研究月亮开始的。

28. 古人怎么认识电

前面我们说过，古代的科技并不发达，人类真正开始使用电要等到19世纪工业革命之时，但中国的古代汉字里却早早有了"电"字。在"不来电"的中国古代，"电"字是怎么来的呢？

01

在甲骨文里，"电"的本字是"申"字，其甲骨文里的模样，就好像霹雳闪电朝着四方伸展的样子。然后从商周时期的金文，到小篆、隶书等各种字体，那常与惊雷暴雨组团出现的闪电，就变成了繁体字里的会意字"電"，然后才成了简化字"电"。清朝典籍《说文解字句读》阐明了"电"字的演变过程："知'申'是古'电'字，'电'则后起之分别文"。

"电"字的演变过程，也恰恰浓缩了中国古人对雷电现象的观测、记录、认知。

中国古人对于雷电的最早记录，可以追溯到三千多年前商朝的殷墟卜辞，此后从历代官修史书到古代学者著述，乃至野史笔记小说，都有大量对雷电现象的记录。尤其史不绝书的，就是雷电制造的各类灾害。比如《晋书》里，长安城就曾经"大风震电，坏屋杀人"。《宋史》里的海州刺史梁彦超曾被当地的雷电击伤。南北朝时，雷电造成的天火，在豫章郡"烧三千余家"。明朝蓟州地区的"大风雷"，也是"拔木揠禾，牛马有震死者"。

在古代各类雷电灾害中，最触目惊心的当数雷电造成的火灾，就连帝王家也难幸免。三国时孙权的皇宫，唐玄宗的东京应天门观，明朝的太庙，这些古人眼里极难接近的"重地"，都曾被闪电打成一片火海。特别是明朝崇祯十六年（1643年），大明太庙遭到雷电轰击，通宵的雷雨下，"太庙神主横倒，诸铜器为火所烁，熔而成灰"，是为明朝亡国前夜，又一凄惨场景。

皇家禁地尚且如此，民间对闪电就更难抵抗了。南北朝时的恒山宝林寺，就曾经"电火烧塔下佛面"。宋朝的"钦州大雷震"，也是"火焚城屋"。元大都的万安寺大火，也是"雷雨中有火自空而下"，这雷电中天降大火的惨景，甚至让"帝为之泣"。明朝弘治年间的贵州雷灾，不仅"击损田苗"，还"毁神乐观祖师殿"。在科技落后的古代，别管是皇帝抹眼泪，还是求神拜佛，都拦不住闪电带来的破坏。

可以说，自古以来，闪电就不仅仅是一种自然现象，而是与古人生产生活息息相关的"天象"。也正因闪电如此巨大的破坏力，古人对于电也常年敬畏，因此也衍生出种种关于"电"的传说。在《山海经》里，就有了"龙身而人手"、专门产生雷电的雷神"雷泽"。到了宋朝，就有了负责打雷的雷神和负责闪电的电母，《集说诠真》里形容电母"貌端雅，两手各执镜"。元朝以后的民间小说里，电母还多了一个通俗称号——活闪婆。很多武侠小说里形容某人轻功好、速度快，往往都给加个称号"活闪婆"，就是说他跟电一样快。

02

除了这类敬畏与艺术加工，一代代古人也从未放弃探索电的奥秘。比如汉朝王充的名作《论衡》里，就批驳了不少关于电的神怪传说，认为"雷者太阳之激气也"，即夏季太阳强烈照射产生了雷电，所以"天地为炉大矣，阳气为火猛矣，云雨为水多矣"，详细解释了打雷下雨的一系列过程。为了印证自己的观点，王充还做了古代史上著名的模拟实验：将一斗水灌进正在冶铁的烈火，现场顿时"气激敞裂，若雷之音矣"。这样的科学实验与结论，放在那个时代，堪称遥遥领先。

早在18世纪富兰克林放风筝的实验之前，中国古人就提出了许多关于电产生的理论。先秦《庄子》等典籍里，就提出了"摩擦生电"的猜想；南北朝科学家祖冲之则总结为"震为雷，激为电，和为雨，怒为风"；宋朝大儒朱熹将雷雨生成的原因归纳为"阴阳之气，闭结之极，忽然迸散出"；明朝刘伯温如此概括雷与电的关系："曰雷者，天地之郁积而发也，阳气困于阴，必迫，迫极而迸，进而声为雷，光为电。"

这些观点尽管与科学真相还存在着出入，却是不同时代探索者的研究心血。他们就像科学道路上的探路者一样，一代代接力，寻求着最接近科学的答案。

03

对于古人来说，这些艰苦的探索，也有着十分重要的现实意义，其中最重要的一条就是判定天气。在古代，雷电有时就是古人判断天气变化的风向标。唐朝的《相雨书》里收录了大量判定天气的谚语，其中就有"电光出西北方，雨出倾壁也"的经验。"未雨先雷，船去不归"也是当时人们的出行参考。元朝典籍《田家五行》里，更把夏季出现的闪电次数、频率、地点，都作为降雨的判断依据。清朝典籍《农候杂占》里，也有专门的"电占"，即依据雷电出现的状况，不同季节合理安排农事农时。

所以也就不难理解，为什么繁体字"電"会有一个"雨"字头，这不仅是古人对电的科学认知，更说明了电对于古人生活的意义。看上去离古人很远的电，却实实在在与老百姓地里的粮、餐桌上的饭有千丝万缕的联系。

29. 古代狮文化是怎么兴起的

在中国古建筑大门口,经常可以看见一对石狮子端坐两侧。众所周知,狮子产于非洲,古代中国是没有的。而且在我国境内,有土生土长、被称为"百兽之王"的老虎,同样来自猫科家族。那为何没有石老虎只有石狮子,没有舞虎文化只有舞狮文化呢?

要解释这一切,得从狮子的来历说起。

01 狮子来到中国

其实,狮子除了人们熟知的非洲狮,还有亚洲狮,主要分布在地中海沿岸至印度一带。据史料记载,早在周穆王时期,就有驾驭狮子巡游四方的事迹了。在周朝的青铜器上,也能寻觅到狮子的踪迹。那时的狮子,主要来源于西域小国,属于珍稀物种。

到了汉朝,随着张骞出使西域,汉朝与丝绸之路上的国家交流越来越密切,稀有珍贵的狮子便被带到了中国境内。虽然它很粗犷,但比老虎温柔,容易驯化。人工喂养的狮子被圈养在皇家园林里,成了皇族子弟和权贵大臣的宠物。

《后汉书》提到，汉章帝章和元年（87年），安息国国王派遣使者访汉，进献了一批珍禽猛兽，其中就包括狮子，这是狮子作为贡品礼物的最早记载。第二年，大月氏又进献了一头狮子，作为两国友好的象征。

很多文武百官还是头一回亲眼领略狮子的风采，因此十分兴奋，直接将其称为"无角麒麟"。自此，狮子带着神圣光环进入瑞兽行列，正式开启了中华千年游。

到了唐朝，国力日盛，进贡者众多，来自西域的狮子数量呈几何倍数增长。发展到后来，普通百姓终于有机会一睹狮子真容了。

02 舞狮活动

舞狮活动也起源于汉朝。当时，跟随狮子从西亚来到中国的，除了使者和商人，还有一种职业叫作"驯狮郎"。这群人来自杂技领域，主要训练真狮表演，既惊险又好看，很受皇室欢迎。

可惜老百姓同样无缘观赏真狮表演，他们只能根据书里的描述，发挥民间创造力，制作了假狮子开始表演，这些从业者被称为"象人"。各地民间舞狮，就这样萌芽、发展，直至成为一项经典传统艺术。

北魏太武帝时，征战中俘虏了大量胡人，太武帝在巡察间隙，命令他们表演特色节目。这时，有一些胡人就戴上狮头面具，披上狮纹外衣，伴着背景音乐，有节奏地舞动起身体。太武帝龙颜大悦，当即将舞狮赐名为"北魏瑞狮"。

还有一些寺庙，每逢四月初四都会举行盛大的祈福活动，通常由舞狮队开道，其他人员紧随其后巡游。很快，这种形式在民间流传开来，只要遇到重大节事，人们总是边舞狮边敲锣，沿街游行表演，祈求平安顺遂。

千年来，舞狮传统也一脉相承，每当遇上新年或者节日庆典，无论宫廷还是民间街头，总能看到狮子舞表演。

发生在宫廷中最为人津津乐道的狮子舞，是由杨贵妃负责组织的。整场戏有五组狮子，每组十二人，各着五种颜色服装，在乐曲中起舞。

狮子舞不仅在国内流行，还传到了日本。日本的《信西古乐图》，是一部介绍唐朝乐舞杂戏的图集，里面就描绘了狮子舞表演时的盛况。

03　狮子绘画

随着狮子引进数量不断增多，新疆伊犁河流域的人们开始将其形象艺术化，狮形图案便应用在了一些建筑物上，还有各类墓穴中。后来，狮子的形象也出现在绘画作品里，比如嵇康的《狮子击象图》，描绘的就是雄狮和大象激烈搏斗的场景。阎立本的《职贡狮子图》，描绘了两头大狮子、多头小狮子，它们体态灵动、非常写实。而阎立本的另一幅作品《西旅贡狮子图》，甚至画上了黑色的狮子。后来，段成式的《酉阳杂俎》中，也出现了"西域有黑狮子"的对应记述。

敦煌莫高窟壁画上，有不少狮子图画，它们常以"金毛狮子"形象示人。在第231窟中，《群狮图》里的狮子更是采用了拟人的画法，其中的两头狮子像威猛勇士一般站立起来，十分生动。

04 石狮子

佛教传入以后,狮子的地位更高了。它是佛教的圣物,被视作释迦牟尼的化身,佛教里的很多物品都与"狮"有关,例如"狮子吼"、文殊菩萨的青狮坐骑等。所以,有一定规模的寺院,会在寺门两侧蹲坐一对石狮子,以表对佛法的敬畏与决心。

不少大户人家有样学样,也在门前摆起了石狮子,美其名曰"镇宅"。在雕刻大师的手艺加持之下,狮子形象越发天马行空起来,在东汉时期,甚至出现了长翅膀的造型。人们深信,只要坐上这种狮子,便能在去世后升天。

魏晋南北朝时期,佛教盛行,狮子的神圣地位又提升了。南朝的石狮子依然沿袭了东汉时的威猛形象,翅膀也变得更加发达,有的还刻上了文身。到了北朝,审美风向变了。为了弱化狮子的凶猛形象,能工巧匠们绞尽脑汁研究造型,将狮子做成了可爱的"萌兽"。可爱造型的狮子很快进入大户人家,替下了石狮子前辈。

再到后来,雕塑领域的狮子造型逐渐统一,或蹲坐或行走状,神态端庄,整体构图是稳定的三角形。代表作品之一便是唐顺陵的石狮子,顺陵的主人是女皇武则天的母亲杨氏。这里最出名的石刻雕塑群里,有蹲狮和走狮,一雌一雄,嘴巴一张一闭,均由整块的灰岩精心雕琢而成,精神昂扬,气势磅礴,被誉为"东方第一狮"。

当时的长安城,商业区和居民区是分开的,商业和娱乐经营场所被称为"市",人们居住的地方被称为"坊"。每一坊都会设置坊门和围墙,坊柱两侧常常用两块石头夹住,既能防风又能避震。

后来，这些单调的夹石柱，在工匠的巧手之下被刻上了瑞兽图形，最常见的就是狮子和麒麟。

久而久之，石狮子原先的权贵专有身份被打破，应用在了各类民间建筑物上，成为常见的装饰品。之后，又应用到了陶艺、印染、园艺等领域。

宋朝石狮子最明显的特征，是真正坐了下来。蹲狮看起来更加听话，也非常生活化，这种固定姿态被历朝历代沿用。有时候为了显出狮子的高大，工匠们还会配上石头底座。狮子的口中，也放了一样东西，那就是绣球。配饰也从普通向豪华方向发展，脖子上挂起了项圈、铃铛等。狮子的家庭成员扩容，母狮子、小狮子常见，像母子情深、小狮子嬉戏这类主题雕塑既亲民又喜庆。

到了元朝，据史料记载，当时的镇宅辟邪神器不再只有石狮子，而是有了新成员——铁狮子，它们由生铁铸造而成，同样放置在大门口。发展到后来，铁狮子的数量甚至超过了"白石"狮子。

从明十三陵里的石狮子可以看出一种变化，明石狮与前朝相比，显得更加温顺，更像纯粹的装饰物。虽然沦为摆设，颜值和观赏性却大大提高，雕刻越发注重细节，身上的配饰也更加奢华。

从清朝开始，雌雄一对的石狮子成为常规设置，对于狮子头上的"卷发"也有了严格规定。这种被称为"肉髻"的造型，在各等级官员的大门口，数量是不同的。紫禁城里的石狮，最多有45个肉髻；一品官员是13个，然后往下依次递减；到了七品官之后，不允许摆放石狮，只能以狮子形状的纹样代替。

在古人的认识里，石狮子的身体朝向以西北方向为最佳。而一雄一雌，左雄右雌，阴阳相合之下可以驱魔辟邪。通常雄狮的脚爪之间都在把玩绣球，是一种权力的象征。至于雌狮身边卧有小狮子，则表示这个家族人丁兴旺、代代相传。

有的石狮子嘴巴是张开的，代表进财。嘴巴紧闭的，代表守财。更有人相信，一旦发生洪水、地震等天灾，石狮子的眼睛会提前变成红色。

狮子艺术的一个顶峰，出现在明朝时期。这些瑞兽，真正化为了文化符号，走下神坛，进入劳苦大众的日常生活中。无论是民间建筑，还是民间工艺品，随处可见狮子们的身影。原先待于室外的石狮子，在体积缩水之后，以小狮子的样貌成为摆件。另外像狮子造型玩具、小孩的狮头帽和狮头鞋，也逐渐流行开来。

自从来到中国，狮子经历了从神秘到神化再到世俗化的漫长旅途。它原有的样貌，通过古人充满想象力的改造，不断更新，日趋完美。时至今日，狮子文化已经成为中华文化不可或缺的一部分，也将为世界文化宝库增添更多惊喜元素，带来更多中国智慧。

30. 古人是如何对待驴的

一直以来,人们对驴的印象主要有两种:一是它任劳任怨,堪称劳模典范;二是它愚蠢至极,完全上不了台面。"笨驴""驴脾气""黔驴技穷""卸磨杀驴"等,似乎与驴沾边的就没有几个褒义词。

虽然驴的形象不那么美好,但在古代很长一段时间里,驴的境遇一点儿也不惨。有时候,它的身份地位甚至凌驾于马之上,堪称一种充满传奇色彩的家宠。

01

驴起源于距今大约400多万年前,最早在非洲大陆东北部出现,在埃及的尼罗河流域被驯化。有文字记载的养驴历史,在大约5000年前。

随着非洲撒哈拉地区逐渐沙漠化,作为当地唯一被驯养的蹄类动物,驴承担着交通工具的重任,同时还要负责运输物资,帮助人类开展生产劳动。驴耐旱,耐热,很适应沙漠的环境。

大约4000年前,驴经由西亚、中亚,来到我国的新疆地区。中国家驴的祖先,正是非洲野驴。当时中国的驴数量稀少,到了西汉时期,随着张骞出使西域,更多的驴沿着丝绸之路来到了内地,特别是陕西关中地区。正是在此之后,驴真正地为中原人所用。

驴经过长时间驯化,逐渐变得粗放、结实,不容易生病,并且性情温驯,听从使唤,成为人们的好帮手。发展到现在,中国驴的品种有30多种,其中的优良品种包括关中驴、德州驴、广灵驴、河西驴、佳米驴、泌阳驴等。

02

汉朝陆贾在《新语》中,把驴和珊瑚、翠玉、瑞柏并称为四大珍宝,可见驴的身份显贵。在汉武帝眼里,驴也是一种珍禽异兽,他将这些宠物养在御花园里,颇以为傲。其中一头白色毛驴,更是他的最爱。汉武帝命人用琼浆玉液和新鲜水果来喂养它,只为了每天都能听到驴叫。在他的理解里,驴的叫声,是一种祥瑞之声。

当西域的驴大规模进入内地后,这种优越感不复存在。无论是交通、运输,还是耕田、磨面,驴都有着优异表现,在老百姓的生活里,扮演了一个多面手的角色。用驴来做交通工具,显然比马性价比更高,它们吃着更少的粮,干着更多的活,简直太接地气了。《后汉书》里不乏"乘驴车""驾驴车""驴车转运"的记载。

03

有一个人,更是将驴的潜力发挥到极致,他就是东汉开国皇帝刘秀。刘秀年少时想去长安学习儒家文化,怎奈家贫,别人家少爷都有马车作为交通工具，自己没钱，又没法步行着去，该怎么办呢？他和友人一商量，决定凑钱买一头驴。驴是买回来了，口袋也被掏空了，路上的伙食和住宿费用又该怎么办？点子多的刘秀灵光一现，想出了一个好办法：和人一起拼驴车。

于是，人们就看到了这样的情景：刘秀的驴车一路小跑，一旦碰到几个步行的人，他便上去询问对方需不需要搭顺风车。因为他报出的价格很便宜，自然吸引来了客户，导致这头驴在旅途中从来没有清闲过。

等刘秀到达长安的时候，口袋里的钱多了不少，结交的朋友也越来越多，驴车创业项目获得了成功。

04

东汉隐士戴良，小时候聪明又调皮。他是个孝子，观察到母亲喜欢听驴叫，为了让母亲高兴，就偷偷自学，反复练习驴叫。后来，他的驴叫学得惟妙惟肖，成了家庭娱乐的一种方式。

魏晋时期的风流雅士们，对驴叫也有着特殊的情结。南朝刘义庆的《世说新语》中记载了一个故事，说"建安七子"中的诗人王粲非常喜爱驴，还喜欢听驴叫。他和曹丕的关系很好，在他去世后，曹丕带领一众文人开追悼会，提议宾客们每人学一声驴叫，为王粲送行。结果现场驴叫声此起彼伏，俨然一场口技模仿比赛，追悼仪式在一片喧嚣中结束。

西晋文学家孙楚也热衷于学习驴叫。恃才傲物的他，唯独特别敬佩王济。王济去世的时候，孙楚前去吊丧，发现出席的宾客无不垂泪。哭罢，孙楚对着王济的遗体说："你生前喜欢听我学驴叫，现在就再为你学两声吧。"因为这个故事,驴又有了"孙楚声"的雅称。

驴叫,在那个动荡的岁月里,成为一种流行时尚,也是人们反世俗礼教的一种方式。

05

在唐朝,驴是与马并驾齐驱的重要交通工具。一般达官贵人骑马,平民百姓就骑驴。而且驴的性价比更高,市场上的价格在三千文至五千文之间。

有时候,一些社会名流也会骑驴。比如被称作"山人宰相"的李泌,就喜欢骑驴出行。传说中的张果老是倒骑驴,他的驴甚至能像现代便携工具一样折叠起来。唐传奇《板桥三娘子》里还有一个故事,说有一个人把一名女巫变成了驴,然后当成坐骑,骑了整整三年。

唐昭宗时期的知名伶人胡趣,每天都要骑驴去上班。他非常爱惜自己的驴,从不让它干农活,当宠物一样养着。有一天,他去朋友家做客,到了目的地,先把驴安顿好才进屋。待他要走时,发现他的爱驴在后院推磨,不禁大为恼火。可是碍于朋友情面,只好忍着气把驴带回了家。

那家主人又邀请他去做客。这一次,他没有骑驴,而是徒步前往。朋友问他怎么没有骑驴来,胡趣这样回答:"我家驴太累了,所以给它放了一天假。"爱驴之心,可见一斑。

当时的驿站,除了驿马,也出现了驿驴。据《新唐书·食货志》记载,路边排列着小店,为旅客提供酒菜,店里有驿驴。驿驴可以看作驿马的缩小版，穿梭于驿道之上，人们再也不用那么劳累了。

为了更方便管理，唐朝还出台了专门的法律来保护驴。那时候实行印记管理系统，即在动物身上盖上印记，用以区分动物的归属。每一头驴，都有自己的代号名称。《唐律疏议》同时规定，驴私驮物不得超过十斤，违者将被处以八十大板。

06

马球是唐朝的一项时尚运动，虽然有趣，但危险性也很大。有大臣向皇帝建议，应该考虑人们的安全问题，于是有人开始寻找马的替代品，而第一个想到的就是驴。无论是体型、速度，还是力量，驴都不如马，打球的风险相应降低。很快，"驴鞠"这一被称为"小打"的发明就在唐朝普及开来，并且大受欢迎。

在西安有一处崔氏女子唐朝墓葬，经研究表明，墓主生前喜欢驴鞠，去世后把驴当作陪葬品以便继续娱乐。在唐朝壁画、绢画、石刻上面，也时常可见身着华丽服饰、巾帼不让须眉的女子驴鞠情景。女子驴鞠，使得处于劣势的古代女子体育实现了快速发展。

07

到了宋朝，马在很多地方长期处于缺乏状态。那时候有条件养马的，只有燕云、西北、西域等少数地区。乘驴出行，就成为很多人的首选。其中不乏身份尊贵的人士，如著名道教学者陈抟，他在隐居华山修道期间，曾经骑着白驴去汴京。走到半路上，听说宋太祖赵匡胤登基了，他大笑不止，说："天下从此太平了！"结果由于太兴奋，一不小心从驴背上摔了下来，"陈抟坠驴"的典故就由此而来。

变法受阻的王安石,被摘了乌纱帽后退居金陵。闲来无事,他就喜欢每天骑着驴在山中转悠,驴走到哪儿他就去哪儿。他还会在驴背上放一袋炊饼,旁边一位仆人跟随,边走边看书。到了饭点,他们就席地而坐,吃几口干粮。这时候,驴也有口福蹭饭,真是幸福美好的时刻。

而宋朝女子骑驴,一般要用面巾遮住脸部。

08

在宋朝,驴不仅可以买卖,还可以租赁。随着需求量的激增,"租驴车"业务迎来了不错的发展。周辉的《北辕录》中描述了一种驴车,说他在去金国途中,看见这种车用了十五头驴,有五六个人把车,赶车的人不用鞭子,改用木棒击打驴子,车速极快。

除了作为交通工具,驴还用来运输物品。宋仁宗时期,为了征讨西夏,就曾经调遣五万头驴来运送谷物。

宋朝人也很喜欢驴鞠。据《东京梦华录》记载,宋人很喜欢打驴鞠,每次有上百人参加,分成两支球队,哪一方如果能先进三球,就算赢。北宋初年有一个叫郭从义的大臣,是驴鞠高手。赵匡胤让郭从义进宫表演,见识了其精湛的球技,特地在身旁赏赐给了他一个座位。但是赵匡胤又觉得骑驴打球不太雅观,直接向郭从义指了出来。从那以后,郭从义再也没有碰过驴鞠。

妇女们也是驴鞠的忠实粉丝。她们身材娇小,穿着开裆夹裤,在运动场上表现得十分灵活。练习骑驴击球,是女伎的一项重点培训技能,因为她们要经常陪着皇帝打球。不过到了后来,随着皇帝爱好的变化，驴鞠逐渐走向没落。

09

在宋人眼里，驴还担负着另外一个重大任务，那就是用来吃。有一种说法叫"天上龙肉，地上驴肉"，驴肉和驴皮的药用价值历来都受到追捧。虽然交通驴已经供不应求，官方的文件里也禁止吃驴肉，但是在民间，天高皇帝远，人们依然会偷偷享用这道美味。

宋仁宗时期，钱若水守洛阳的时候，有人送来了一些驴肉，他马上写出了两句诗："厅前捉到须依法，合内盛来定付厨。"表明了自己的态度：无非就是驴肉太美味，即便上面有规定，照吃不误。

10

驴由于性格不骄不躁，也受到许多文人的喜爱。骑驴大军里，经常能见到文人们的身影，比如唐朝大诗人李白、杜甫，宋朝大文豪苏轼、陆游，都是其中一员。文化人邀上几位好友，骑驴游山玩水，吟诗颂曲，实在是一件惬意之事。

据说李白曾经骑驴经过华阴县（今陕西省华阴市）城门，县官不认识他，拦下他审问。李白也不自报家门，只是说："天子门前，尚容走马。华阴县里，不得骑驴？"如此张狂的举动，也只有他做得出来。宋朝的《李白醉骑驴图》，直接将李白骑驴的醉相生动描绘了出来："酒渴思鲸饮，金銮早退朝。醉身扶不起，压折老驴腰。"而明朝邵宝的《题太白图》赞道："仙人骑驴如骑鲸，睥睨尘海思东瀛。"诗仙的形象，瞬间又高大飘逸了起来。

相比之下，杜甫就不像李白那么潇洒了。他的经历是"骑驴三十载，旅食京华春。朝扣富儿门，暮随肥马尘"，在繁华的城市里骑驴游荡，生活常常陷入困窘之中，饱尝了人世艰辛。不过坐在驴背上思考，倒是文思泉涌，杜甫的创作事业达到了高峰。

贾岛骑驴的时候，喜欢自言自语，旁人不解，其实他是在斟酌诗句。有一次，为了"僧推月下门"用"推"字还是"敲"字，他思考得太过投入，骑驴一头撞进了高官韩愈的仪仗队，自此留下一段有关"推敲"的经典故事。可惜贾岛一生不得志，去世后值钱的家当，只剩下一头病驴和一张古琴。

陆游用"此身合是诗人未？细雨骑驴入剑门"的诗句，来表明自己与驴的亲密关系。在国土不断沦陷的南宋，诗人不免触景感伤，但是心中的报国志向仍在。在《山村经行因施药》里面，他还写出了当时骑驴行医的情形："驴肩每带药囊行，村巷欢欣夹道迎。"

疲乏旅途中的驴，成了人们灵感的源泉，落寞心灵的寄托，也表达了主人对理想的不甘。驴如此频繁地进入文人的生活中，逐渐成为特定的文化符号。文人骑驴的形象，也被固定了下来。

11

随着驴的不断普及，驴也渐渐受到画家们的青睐。北宋有个叫朱子明的画家，擅长画驴。他带着作品去见宋徽宗，得到了皇帝的赏识。范宽的《溪山行旅图》中，也出现了驴拉车。而《清明上河图》里，驴浩浩荡荡进城的景象颇为壮观。

明朝徐渭是画驴高手，可以说他是把驴画到极致的一个人。

他著名的《驴背吟诗图》即使放大10倍看，驴蹄子依然画得十分生动。

明末清初，有一个自称为"驴"的大画家，即八大山人之一的朱耷。其实这个"耷"字，就是"驴"字的俗体，有大耳朵驴的意思。朱耷在完成一幅作品后，通常署名为"驴"或"驴屋"。既体现了八大山人的桀骜不驯，又带有一丝自嘲和讽喻之意。

12

那么，驴的地位是怎么一落千丈的呢？

原来，早在唐朝，驴就开始被一些人"污名化"，最具代表性的是柳宗元。他特别不喜欢驴，为此写了一篇《黔之驴》，把驴贬损得一无是处。他描述的大意是："驴啊驴，你天天在那里叫唤得那么厉害，最后还不是被老虎吃掉了。"虽然这篇文章是讽刺当时统治集团的，但是躺着也中枪的驴，从此被列入反面教材打到了底层。"黔驴技穷"，也成了一个贬义成语。

加上文人骑驴，也常带有一些落魄的意味。后来，驴就成为仅供下等人使用的工具。

如今，在家畜中间驴的地位依然不高，既不如马，也不如牛。"驴"这个字，也继续用来形容愚蠢。

13

但在一些饲养者眼里，驴有牛马所不及的优点：它饭量小、跑得快，灵活度高，而且浑身都是宝，无论驴皮还是驴肉，都是上等的滋补品。

驴的光辉形象,甚至被搬上了大银幕和大舞台,那个骑着小毛驴的名叫阿凡提的人,成为智者的化身。

如果说,古代文人骑驴是一种姿态,一种文化,那么今人如何利用驴的价值,何尝不是一种姿态,一种智慧。

31. 古人如何鼓励生育

中国传统思想讲究"多子多福",这是因为古代的社会福利保障体系不健全,需要多生孩子以抵御风险,大多数家庭也愿意多生孩子。

然而,爱生孩子的古代人,有时也有"少子化"的烦恼。那么古人在遇到人口问题时,是如何鼓励生育的呢?

01

春秋时期,诸侯争霸。鹿死谁手,拼的就是人口实力,因此各诸侯国也想尽了办法鼓励生育。

越国自会稽战败后,百废待兴。越王勾践为了发展人口,颁布了一条法令:"令壮者无取老妇,令老者无娶壮妻,女子十七不嫁,其父母有罪,丈夫三十不娶,其父母有罪。"意思是禁止老夫少妻和老妻少夫的婚姻组合,全国的女子都必须在十七岁之前出嫁,全国的男子都必须在三十岁之前娶妻,不然就要把父母捉拿问罪。

同时,越王还规定生了孩子的人家重重有赏。如果生了一个女孩,就给两壶酒和一头小猪;生男孩的话,就给两壶酒和一只狗;如果生了三个以上的孩子,就由国家配备专职奶妈。

这条催婚法令的效果是强大的。在这条政策推动下,越国年龄达标的青年男女都匆匆婚嫁生子了,越国的人口迅速增长,最终在史书上留下了"三千越甲可吞吴"的传说。

02

无独有偶,战国七雄之一的齐国也推行过鼓励生育的法令。当时齐国社会上出现了贫富差异严重的现象,豪门大户妻妾成群,有些女孩子可能一辈子都见不到丈夫的面,而寒门小户却又穷得娶不上老婆。

针对这一现象,齐桓公命令豪门贵族将多余的女子放出去,增加社会上青年女子的数量,让这些女子可以嫁人生子,从而增加齐国的人口。

在齐桓公的努力下,齐国出现了"内无怨女,外无旷夫"的美好画面,齐国人口随之增长,奠定了齐国争霸天下的基础。

与齐国同一时期的秦国也曾经鼓励过生育。秦国的法令简单粗暴:"民有二男以上不分异者,倍其赋",意思是家里有两个成年男子但是不娶妻的人家,就加倍征收这家人的赋税。古代的赋税对于老百姓来说是很大的一笔支出,加收赋税不亚于巨额罚款,许多秦国人因为无力缴纳罚款不得不抓紧时间结婚了。

03

鼓励生育的政策并不是只在群雄逐鹿的年代才有。汉朝作为一个大一统的王朝，也出台过鼓励生育的政策。

汉朝初年，由于连年战乱，男子人数大幅度减少，刘邦为了恢复人口，针对女性制定了一条政策，规定女子如果年龄在十五岁到三十岁之间而不结婚的，就要交纳一笔"单身费"。

但是由于当时的男女比例极度不平衡，有些女子实在嫁不出去；也有些女子找不到好人家宁愿交"单身费"也不将就，因此这一政策作用有限。刘邦死后，继位的汉惠帝立刻将"单身费"的罚款金额提高了五倍。如此一来，原本自给自足的平民百姓增加了极大的负担，于是大量人家匆忙嫁女，甚至宁愿让女儿去当小妾也不敢留在家里。为了国家人口数量的恢复，无数的女子流尽眼泪。

04

比起汉朝简单粗暴地罚"单身费"，唐朝鼓励生育的政策就要人性化得多。

唐律规定，十八岁以上的中男和丁男，每人受口分田八十亩，永业田二十亩。老男、残疾受口分田四十亩，寡妻妾受口分田三十亩，杂户受田如百姓。也就是说，如果家里有成年健壮男子，可以得到总共一百亩田作为奖励，其中公家的田（有使用权）八十亩，私人的田（有产权）二十亩。而且，这些男子老了或者残废了也可以得到四十亩田养家糊口。女子是没有资格分田的，除非这个女子嫁人了，那么就可以分三十亩田。

中国是农业国家，对于古代老百姓来说，田地是最重要的财富之一，唐朝为了鼓励生育真是下了血本啊。

32. 古人为什么要"厚嫁"

在古代,"男大当婚,女大当嫁"似乎是天经地义的事。女儿长大了,就要为她挑一门亲事,送她出嫁。众所周知,历朝历代女儿出嫁,娘家都要准备一笔嫁妆。嫁妆的多少,可能根据社会环境、家庭条件、社会阶层等不同而存在差异,但若问哪个朝代的女子嫁人是必须要准备一笔丰厚嫁妆的,那就是宋朝。

01

不知道从什么时候起,宋朝流行起了一股"厚嫁之风"。

宋朝女子嫁人,娘家要备上一笔十分丰厚的嫁妆。如果娘家姐妹众多,谁的嫁妆更丰厚,则侧面说明了谁在娘家的家庭地位更高,更受宠,这也直接影响了女子嫁到夫家后的家庭地位。

在宋朝,女子嫁人如果嫁妆少,会被女子视为一种"耻辱"。根据史料记载,宋朝女子嫁人还曾经出现过这样的画面:"财之不给……女子羞泣不肯升车以嫁。"因为嫁妆太少了,女子感到羞愧而哭泣,甚至不肯上婚车出嫁。

如果没有嫁妆，女子几乎很难嫁出去。宋朝有一些穷人家的女孩子，可能长得非常貌美，但因为家里没钱，无法提供丰厚的嫁妆，最终嫁不出去，一直待字闺中，青春蹉跎，孤独终老。

在宋朝还常常会发生女婴被扼杀在摇篮里的事情，宋朝有官员认为，这种行为的出现，其实也与负担不起过高的嫁妆有关。根据《宗法条目》中记载："嫁女者五十千，再嫁者三十千；娶妇者三十千，再娶者十五千。"在厚嫁之风下，男子娶妻所需聘礼，是远远不及女子嫁人所需嫁妆的。

02

那么，宋朝为什么会掀起这样一股"厚嫁之风"呢？

要知道，古代婚嫁中讲究三媒六聘、明媒正娶，除了以男方的聘礼为衡量标准，女子的嫁妆也是衡量女子重要程度的标准之一。嫁妆越多，越能证明女子是明媒正娶、备受重视的妻，而不是妾。

假如女子和丈夫离婚，在没有犯过重大过错的前提下，想要追回自己的嫁妆，也能够得到官方和法律的支持，只要是合法离婚，嫁妆都可以悉数带走。

如果陪嫁的嫁妆非常丰厚，离婚对于婆家来说也是一笔不小的损失。所以基于这一层原因，对于"厚嫁"的那些女子，婆家一般不敢轻易虐待。但如果嫁妆非常少，那就是另一种情况了，嫁过来后家庭地位可能就非常低微。所以娘家给女儿准备丰厚的嫁妆，也是稳固婚姻关系的一种保障。

嫁妆是否丰厚，除了决定女子嫁到夫家的家庭地位，还严重影响女子后半生的生活质量。

因为在宋朝,女子嫁做人妇,并不是像现在这样可以和丈夫共同支配婚后财产的。即便是嫁给家底非常殷实的男子,夫家的钱女子也是无权支配的。在需要用钱的时候,只有自己的嫁妆才是最后的底气和倚仗。所以陪嫁的嫁妆越多,就表明女子能支配的财产越多。同时,女子陪嫁的嫁妆只有她自己可以动用和支配,女子的夫君和婆家不管以什么样的理由,都没有权利动用。

03

经济基础决定上层建筑。宋朝之所以形成这股"厚嫁之风",也和宋朝商品经济繁荣发展息息相关。由于商品经济的发展,推动人们的思想观念发生变化,"重利轻义"的观念在人们脑海中开始形成。

这种"重利轻义"的观念,渐渐也影响了人们的婚姻观。嫁人对于宋朝人来说,不只是婚姻关系的缔结,更是利益关系的缔结和金钱的攀比。值得注意的是,厚嫁之风不只在王孙贵族的圈层中,而是遍及到社会各个阶层的。

根据《宋史》记载:"女之嫁也,必有随车钱,大率多者千贯,少者不下数百贯。倘不如此,则乡邻讪笑……富者以豪侈相高,贫者耻其不逮,往往贸易举贷以办。"宋朝嫁女儿,嫁妆少了要被耻笑,无论有钱人还是贫穷百姓,无一不被"厚嫁之风"所影响。

对于官员贵族来说,准备一笔丰厚的嫁妆无可厚非,但对于一些普通的底层百姓来说,这就是非常高的一笔花销了。宋朝很多家庭在女儿很小的时候,甚至刚出生就开始准备积攒嫁妆了,即便是这样，他们穷尽数十年准备的嫁资可能也寥寥无几，所以就会出现因嫁妆过高筹备不起而扼杀女婴的负面现象。

虽然厚嫁风的盛行，让出嫁的女子非常体面和风光，也能让其后半生的生活质量变得更好；但对于整个宋朝社会来说，负面影响是十分显著的。由于底层百姓准备不起厚嫁妆，扼杀女婴事件频发，造成人口失调、拐卖妇女、女子迟嫁或终身不嫁等一系列问题高发，也对儒家礼仪制度造成了一定冲击。

五　民生篇

　　稳定的治安环境、良好的医疗条件，是人们得以安居乐业的重要保障。在古代，人们也十分重视治安与医疗，并制定了相关的政策条例。

33.古代为什么要宵禁

01

在《水浒传》中,从宋公明夜看小鳌山到梁山好汉搭救玉麒麟,元宵佳节屡屡成为故事发生的时间背景。其实,这是因为历朝都有宵禁制度,只有在诸如元宵节这样的特殊日子里,普通百姓夜间才得以外出走动,故事才有机会发生。

那么,古代的宵禁制度从何时开始,又经过了怎样的发展历程呢?

古代实行宵禁,主要是防范盗贼。当然,在战争时期,城外敌军的探子或者奇袭部队,一般也都是晚上进入城中。此外,灾荒或者战乱会产生大批的流民,如果流民大量涌入,城市的治安也会变得混乱。有了负责宵禁的官吏,便能对上述情况起到一定的防御作用。因此,影视剧中常见的巡夜士卒和唱着"天干物燥,小心火烛"的打更人并非虚构的,而是真实存在于历史中的。

02

宵禁制度的起源可以追溯到周朝，《周礼·秋官司寇》就列出"司寤氏"的职位，并明确指出其职能是"掌夜时，以星分夜，以诏夜士夜禁，御晨行者，禁宵行者、夜游者"。这便是最早专门负责夜禁事宜的相关职司记载。

《史记》中提到，飞将军李广喝酒喝到很晚，回去的路上走到霸陵亭，被霸陵尉拦下。李广自报家门，却被霸陵尉顶了回去："当今将军尚且不允许夜行，何况你故将军呢？"李广只好在亭子里熬了一夜。可见，到了汉朝夜禁制度已经颇为严格，就算是位高权重的人也不能逾矩。

盛唐气度恢宏，自由开放，唯独对宵禁一事没有丝毫放松，反而管理得更加严格和有序。唐朝实行坊市制，"坊"是里巷的意思，多用于街巷的名称；"市"是指聚集货物，进行买卖或者贸易的场所。白居易诗中曾写道："百千家似围棋局，十二街如种菜畦。"当时长安城有十二条大街，街道整齐划一，所以房屋结构像围棋棋局。唐朝严格有序的宵禁制度，便是在坊市制基础上形成的。唐朝设有鸣街鼓，不仅是城门宫门开启或关闭的信号，也是百官上朝办公的时钟，同时又是夜禁开始与结束的标志。在规范的宵禁管理制度下，白日的唐长安城车水马龙，是繁华的国际都市；当夜晚来临，长安城便"六街鼓歇行人绝，九衢茫茫空有月"，就是一派清冷寂寥了。

唐传奇故事中也常提到宵禁。《裴通远》一篇中，家在崇贤里的主人公裴通远，其妻女去通化门观看唐宪宗的殡葬，至夜方归。

坐车到天门街时，夜鼓响起，母女两人再往前行，遇到一位跟在车旁的白发老妪。一问之下，老妪也住在崇贤里，母女两人便邀老妪同行。不想老妪在里门下了车后就消失不见，而与这位神秘老太同车的几个女子竟相继死去。故事中，正是宵禁制度的潜在设置，才引发了阴阳两界的时空转换，令故事情节显得紧张而又神秘。

03

宵禁制度的松弛发生在唐朝中期以后。安史之乱后，中央政府掌控力每况愈下，甚至上演了皇帝在兵乱中仓皇逃出都城的戏码。宪宗、文宗和宣宗等帝王，大部分精力都用来内斗宦官、外控藩镇，还要防备吐蕃、南诏这些虎视眈眈的邻居，难以分出时间管理内政细务。因此，坊市制逐渐被打破，卖油的、卖点心的、卖小玩意儿的店铺如同雨后春笋般出现在这些坊区中，宵禁也维持不下去了。

根据《唐两京城坊考》记载，长安南崇仁坊集市繁盛，"一街辐辏，遂倾两市，昼夜喧呼，灯火不绝"，属于中国人的"夜市时代"就此到来。

北宋初创，便将宵禁由一更推迟到三更，一方面说明赵氏官家的统治变得更人性化，另一方面也可见宋朝皇帝们的自信，认为在自己的统治下，扩大夜间的开放程度，并不会引起太大的治安问题。

为了方便市民夜间贸易，汴京城门很晚才关，而城内却无时间限制。

据《东京梦华录》记载，马行街"直至三更尽，才五更又复开张。如要闹去处，通晓不绝"，在潘楼街，"每五更点灯博易，买卖衣物、图画、花环、领抹之类，至晓即散，谓之鬼市子"，可见宋朝夜市空前繁华。尤其是到了上元节这一天，汴京城中各处张灯结彩，人潮涌动，更盛于白昼。

像宋徽宗这样爱玩的皇帝，还会在城门外设置专门的看位，夜间观灯，与民同乐。

04

到了明清两朝，皇权制度森严，宵禁也"死灰复燃"。两朝法律明文规定：一更三点敲响暮鼓，禁止出行；五更三点敲响晨钟后才开禁通行。二、三、四更在街上行走的，笞打四十下；在一更夜禁后、五更开禁前不久犯夜禁的，笞打三十下。如果是在京城违反宵禁，则惩罚更为严酷，只有疾病、生育及死丧等特殊情况才可以通行。

但如此严格的宵禁制度，似乎并没有起到多大的作用。《利玛窦中国札记》一书中写道，中国"各个城市都有千百名更夫在街上巡夜，按规定的间隔敲锣，而且街道都有铁栅并且上锁。尽管如此，宅院被夜贼抢劫一空的事还常常发生，这或许因为更夫本人就是盗贼，或者是和盗贼合伙"。

北京街上的宵禁晚清时仍在实行，直至辛亥革命后，绵延数千年的宵禁制度才终被废除。

34. 古代晚上为什么要打更

在上一篇中,我们讲到了古代为什么要实行宵禁。而宵禁的具体执行方式之一,就是打更。在古城夜晚空荡荡的街巷上,更夫敲着梆子穿行而过,引出多少不为人知的故事。

01

在真实的历史上,更夫打更是极有讲究的:从戌时(晚上七点)开始,每隔一个时辰(两个小时)就要报时,整夜从"定更"(晚七点)到"五更"(凌晨五点),一共要敲六次。

在古代,计时和报时非常麻烦。中国古代计时常用漏刻,即一种通过滴水来测算时间的仪器。漏刻从春秋时期就开始使用,发展到明清时期,有了构造精密的"四级漏刻"。除了漏刻还有圭表,即靠太阳影子来测时间的器具,又称日晷,故宫太和殿汉白玉基座上的"赤道日晷"就是代表。另外还有小型的香篆,靠燃烧的香盘来计算时间。明朝中期起,西方"自鸣钟"传入中国,从此风靡一时。

然而，这些古代"高精尖"的计时器械，除了香篆外，其他都是贵族和富人专属的奢侈品，穷苦百姓想确定时间，就只能听更夫报时。深夜里的打更声，就是为了给普通百姓报时。

02

不过，古代报时绝不仅仅是更夫出门吆喝而已。古代城市里往往都有专门负责计时报时的谯楼，《西游记》就描述过"谯楼上更鼓齐发"的景象。像五代时福州的谯楼，通常要有四个人守卫漏刻，四人分为两个班次，分别负责白天和晚上的测量，还有九个更夫分班报时。另外，谯楼上也有各种鼓角与旗号，把时间传递给不同地方的更夫，运转无比严密。

如何让谯楼严密运转，也是古代地方官的"基本功课"。历代王朝考核地方官成绩，其中一项重要标准就是"更鼓分明"。倘若连每天的时间都报错，说明这个地区日常的行政运转必然也乱七八糟。

03

谯楼虽然有报时的职能，但报时并非其唯一的职能。元朝人何景福的一句诗，道出了这个"报时中心"的意义——"自是太平无暴客，金壶漏箭要分明"，国家太平与否，就得看谯楼了。

作为报时中心，谯楼的阵仗可不小。比如宋朝成都的铜壶阁，有上下两层十四间房，宽十丈深五丈六尺，而且采用了当时极为奢侈的砖石结构，公认是"邦之壮观"。宋朝山城夔州的谯楼，也是"凡山之形胜，尽在目中"。明朝南京的鼓楼也是上下两层，仅下层就高达十米,上层有大小鼓二十五面,除了计时的滴漏外,还有两面高三米六的紫铜钟。

作为一座城池的最高处,谯楼不只是城市的"标牌",更可以登高瞭望,防范城外的敌情。到了明清时期,大部分城市都是以谯楼为中心,向四方延伸街道。比如明朝西安的谯楼,明初时还在西安城的西边,万历年间却搬到了西安四门大街的交汇处,正好在西安古城的正中心。

与报时一样重要的,就是谯楼的治安功能。由于谯楼建在最高处,有的还配备军队,如果突发紧急情况,可以立刻处置。古代盗贼、山贼劫掠城池,通常会选择夜间袭击,所以"永不睡眠"的谯楼,就是夜间城池的眼睛和耳朵;而打更的樵夫,也充当了"监控"的作用。所以古装剧里的"夜战"桥段,往往会安排几个"更夫"做引子。

04

另外,古代更夫打更,还有一项延续上千年的职能,就是防火。

在古代各类灾害中,比起水旱灾害,火灾看似低调,破坏力却十分恐怖。仅仅是"二十四史"记载的时间跨度里,就发生了八百七十八次火灾。其中宋、明、清三朝发生火灾的次数,多在二百次以上,这还仅仅是"二十四史"里官方的不完全统计。真实历史上,火灾的破坏力和烈度,更是触目惊心。

北宋建隆元年(960年)的宿州大火,一次就烧毁民舍万余间;南宋嘉熙元年(1237年)的临安大火,烧毁三万家;明朝万历二十五年（1597年）的泗州大火，烧毁民房四千四百多间；清朝乾隆年间的北京火灾，"经月乃止"，汉口镇更是两次大火，一次烧毁商船三四千只，另一次烧毁商民店户八万余家。

古代城市密度太大，尤其是在太平盛世时，城市的人口增长极快，房屋扩建也极快，住房店铺往往特别密集，加之古代消防技术落后，虽然也有"水龙"等装备，又设有"望火楼"，但一旦火势起来很难消除。所以古代的一场大火，动辄就烧毁千间万间房屋，有时大半个城市都被烧光。

在这种情况下，打更就是古代防备火灾的最重要的"防火墙"。

古代火灾火情绝大多数都发生在深夜，容易救火不及时，在这种情况下，更夫就起到了监控作用。明清时期，城市里的人口稠密处，每十家就要置办大水桶，还要准备"火钩""云梯"等装备，一旦有火情就要第一时间组织人力救火，而这一切，首先就有赖于打更的更夫能够及时发现火情。

到了明清时期，"喊火烛"的制度成熟起来。城市设立"三十家牌"，各户轮流出人充当更夫，除了打更，更要"查火"，每天的一更天和五更天，更夫就要挨家挨户分区域"清查火"，检查防火情况。"天干物燥，小心火烛"也就成了更夫们的流行语。

35. 古代关闭城门后怎么出城

01

在古代，除了宵禁，夜晚关闭城门也是维护治安的重要手段。有人可能会问："城门关了，难道就没有别的小路可以出城了吗？"

说起"古人夜里出城有没有小路"这事儿，"唐宋八大家"之一的曾巩深有体会。

北宋熙宁年间，这位大才子曾担任齐州（今山东济南）知州，两年的任上，他除了留下一堆好诗文，更办了一堆实事——整治了当地的恶霸，平息了肆虐多年的水患，建起了当地的"北水门"，奠定了"泉城"接下来数百年的城市布局。也正因如此，待到他受命调任襄阳时，齐州百姓竟然"绝桥闭门"阻止他离开。无奈之下，这位"父母官"只能熬到深夜，才瞅机会撒腿开溜——身为父母官，都得从正门走，没"小路"。

02

事实上，对于古代的大城市来说，"城门"几乎是唯一的对外出口。

在宋朝以前，中国古代的城市建设管理主要偏重于政治军事的考量，到宋朝才越发偏重商业职能。所以历朝历代但凡修建城池，都高度重视防护性。比如明朝在原长安遗址上建起的西安城墙，高12米，宽12到14米，底厚15米，比唐朝的旧城墙几乎"大一截"。外围还有环城一周的护城河。明朝中叶，西安城墙又用糯米灰浆加固，清朝时又再次整修，包砖深埋地下三米，形成"层层防护"。

虽说古代的城池，并非都如西安古城这般牢固，但其建造维护基本都是同一个思路——就是用严密的城墙加护城河，将城池牢牢保护起来。这种情况下，城门就是一座城池的交通出口，想找别的"小路"，基本没有可能。

03

也正因如此，城门的管理在古代是重中之重。唐初的长安城门，严格遵循"依鼓声启闭"的原则。长安城连接城门的六条主干道都设有"街鼓"，从长安城的外城城门到各坊的坊门，都是按照鼓声的次序开启，一丝一毫都不能错。甚至守城的城门郎连钥匙都不能拿，而是由城门郎属官按时送来。

这样的严苛政策不只发生在大唐长安，更不只在唐朝。据《墨子》记载："昏，诸门亭皆闭之，晨见掌文，请钥开门。"一座城市的日出日落，基本就由城门的开闭来"呈现"。

为什么古人对城门的管理如此严苛？除了防御安全的考虑外，还有交通因素的考量：古代的城池并非孤立存在，重要的城池往往也是交通枢纽。以唐朝几座"一线城市"为例：以洛阳为中心的交通枢纽，当时主要有五座，向北可以通到黑龙江流域，向东可以到达山东半岛，向南可以到达扬州。唐朝的成都除了从陆路连接陕西关中，还可以从水路直通荆州，正如杜甫所说："既从巴峡穿巫峡，便下襄阳向洛阳。"

这样密集的交通网，带来的必然是大量人员与物资的流动。在古代科技有限的条件下，必须控制"开城关城"的时间，才能做到有效管理。

宋朝的汴渠，每年可以给汴京带来一百万斤炭和一千七百万斤木柴。到了明朝，据《酌中志》记载，单是明朝的"皇店"，经运河就要输送来七万多条貂皮和三十万只羊。这么多的物资每天从城门里送进送出，也只有严格地"开门关门"，才可实现安全把控。

在北宋年间，都城汴京的南熏门外，每天晚上汇聚在此的猪肉贩子人数就有上万。每天送入汴京城的猪肉，都要在清晨的南熏门接受检验。要是"乱开门"，汴京百姓可就吃不上"放心肉"了。

04

不过，和唐朝比起来，宋朝确实是个"城市经济"更发达的朝代。在之前的唐朝，别说是城门，城市里的"市门""坊门"到点就要关，"闭门鼓"敲过后还敢出来过"夜生活"的人，抓住就是"笞二十"。

到了北宋年间的汴京，中国的古代城市终于有了"夜生活"。

别看城门依然关着,但从御街的夜市到瓦舍勾栏的表演,样样热闹无比。连宋仁宗都来凑热闹,跑到瓦舍看女相扑摔跤,惹得司马光等人一通牢骚。

就是在这样"关起门来"的热闹里,宋朝的城市经济高速发展:北宋的汴京人口高峰时突破百万,光官营作坊的工匠就有近万人。南宋都城临安的人口一度突破一百二十万,且"杭城大街,买卖昼夜不绝"。这样的城市发展水平,在当时世界上是什么级别?14世纪中叶时,米兰、佛罗伦萨等欧洲"超级城市"人口不过五万人。1469年的德国汉堡,首饰工匠只有12人,远远比不上宋朝的水平。

城市的发展和交通的便利,也体现在一次次的"开城关城"间,加速着人口的流动和经济的发展。明朝同样达到百万人口"体量"的北京城,在"九门"之外,城市日益扩展,而且"四方奇珍云集",全国的财货荟萃京城,大量外来人口聚集,北京本地人口也大量外流。据《宛署杂记》记载,当时北京周边的农民大量外流务工,甚至"两县编民无一二"。

05

高速的人口流动,造成了大量市镇出现。如果说这些"城高池深"的城池,属于古人主动建造。那么那些城池周边的市镇,却是自然形成的产物。以宋朝为例,苏州、杭州等城市的繁荣,也带动了新型市镇的出现,原本临时的集市,渐渐变成了繁华的小城镇。比如北宋的杭州城外,原本只有七八个小市镇,南宋时这里变成"临安"后,大量市镇如雨后春笋般出现,甚至"可比外路一小小州郡"。

明清年间的江南市镇更是典型例子。从明朝起,农村生产力大幅提高,剩余人口大量增加,同时随着海陆丝绸之路的兴起,中国的铁器、丝织品、瓷器、棉布卖遍全世界,发达的手工业催生了更多市镇的诞生——单是松江地区的华亭、青浦、上海三个县,在明朝时就增加了二十多个小镇。湖州、杭州等地,小市镇更是增加了一百多个。我们今天熟悉的一个个商业发达的"江南市镇",就是起于那时。

基于发达的交通运输与经济流动,很多"小镇"的规模如滚雪球般扩大。典型的就是著名的景德镇——明清时代的景德镇虽然挂着"镇"的名号,但"工匠人夫不下十万",且"终岁烟火相望",凭着火热的瓷器贸易和周边"大城市"的繁荣经济,景德镇在鸦片战争前的发展速度也十分惊人,人口一度达到25万,与汉口、朱仙镇、佛山齐名,是当时公认的中国"四大镇"之一。

这样的繁华,就在古代城门的"开闭"之间默默到达高峰,繁华景象留下的遗迹叫人叹为观止。开放与流动,对于国民经济有着永不过时的意义。

36.古人怎么看病

01

医疗与治安是同等重要的民生问题,古人已经很有卫生意识了,但没有人能保证一辈子都无病无疾。一旦生病,能否看得起病,就是人们最关注的现实问题。而这一问题,也被历代统治者高度重视。

看病难、看病贵的问题在古代普遍存在。古代医者的医术参差不齐,大多医者水平有限,医术好的郎中看诊的价格一般也很高,名医更是可遇而不可求。另外,要看好病必须长期吃药,这就意味着一笔长期持续的开销。因此,看病费用对古代大多数家庭来说,都是一笔不小的负担。寻常人家生病,若非危及性命,一般情况下都是能扛就扛,不去就医。

历代统治者对这一点很早便心知肚明,因此历朝都设有相应的免费医疗制度或临时性政策,来解决百姓看病难、看病贵的问题。

早在周朝,朝廷就设有"掌养万民之疾病"的"疾医"一职,但因疾医数量少，难以涵盖万民，因此更为常见的方法就是朝廷赐药。尤其是在遭遇瘟疫和重大流行性疾病的时候，朝廷往往会通过赐药于民的方法，来保障百姓的医疗权益。

赐药是历朝施行的一种仁政，从秦朝到清朝的史料中，都可见朝廷赐药的相关记载。例如《汉书》记载，西汉元始二年（2年），全国多地发生旱灾及蝗灾，当时掌权的王莽便以汉平帝的名义赐药给灾民，并提供相应的医疗服务。南宋绍兴十六年（1146年），京师发生疫病，宋高宗派出翰林院医官，免费给京城内外的百姓看诊并分发药品。除了朝廷，地方府衙也会不时为辖区内的百姓提供免费医疗服务。

02

魏晋南北朝时期，乱世纷争，战争频仍，百姓的医疗更成了突出的大问题。北魏朝廷尤其重视医疗问题，于是创造性地建立了中国历史上第一个面向基层的政府性医疗机构——"别坊"。前朝虽然也有为百姓提供免费医疗的机构，但多是临时性的。别坊则不同，它是专为穷人提供医疗服务的常设机构，而且医药费用全部由朝廷来负担。

为保障别坊医疗人员的医术水平，北魏朝廷还设立了医者的分类考核制度，按诊疗水平的等次给予不同的奖惩。这同样是历史上的一项创举。

然而，北魏的别坊只针对京畿地区，对于边远地方的百姓，就只能通过分发朝廷医署精编的"医疗手册"来进行基本的医疗辅助。显然，这种方法所能提供的帮助微乎其微。

到了唐朝，随着各方面国力的增强，医疗卫生机构也相应完备起来。为了更好地在百姓生活中普及医药卫生常识，开元十一年（723年），唐玄宗"亲制广济方颁示天下"。考虑到一部分百姓家里买不起笔墨，无法抄写医方，皇帝还下诏，在地方乡间要道处都要公示医疗卫生知识。

不仅如此，唐朝还以立法的形式来规范医者的职业行为，保障医疗水平。"诸医违方诈疗病，而取财物者，以盗论"，就是说医者若有因财而诈称患者病情严重的，以盗窃罪论处。这是针对有意为之的情况，无意的误诊误判也同样会有法律惩处。如此一来就大大保障了百姓的基本医疗权益。

03

由个体经营的药店，古时很早就已经出现了，到了北宋，开始出现官方开办的药店。官办药店专为百姓提供价格低、疗效好的成药，受到百姓欢迎。

北宋熙宁三年（1070年），在宰相王安石推动的新法之中，新实施的"市易法"将药品纳入国家专卖行列。当时设有合剂局、太平惠民局和施药局等官办药店，不仅为民售药，也提供一定的诊疗服务。

不单是医药，宋朝还设置了保障贫困百姓就医的安济坊。这安济坊与我们所熟知的东坡先生也有一段渊源。元祐五年（1090年），苏轼正任杭州通判，当地疾病流行，为了给穷人就医提供方便，苏轼领头在当地建起了病坊，名为安乐坊。崇宁二年（1103年），安乐坊由官府接管，更名为安济坊。此后，安济坊这类带有慈善性质的医馆纷纷在地方建立。明清所设立的养济院也是由此演化而来。

37. 古人怎么控制疫情

01

在科技医疗条件相对落后的古代,关于瘟疫灾害的记载有时只是煌煌史册里的寥寥几笔,但是其暴发的频繁程度与破坏力,远超水旱灾害甚至战争。史料里的简单记录背后,常是触目惊心的伤亡数字。

比如三国时代波澜壮阔的战争画卷背后,就是频发的大规模瘟疫。从东汉灵帝至西晋武帝的百年间,中国暴发大规模瘟疫二十次以上,以至于三国时代人口最多、经济最强大的魏国,竟是"人众之损,万有一存",其十州之地的人口,"不如往昔一州之民"。甚至就在三国时代结束前夜的咸宁元年(275年),西晋还暴发了大规模瘟疫,仅都城洛阳一地死亡就达十万人以上。

三国时代的瘟疫,或许还有乱世的"外因",然而在宋、明、清的太平年代,瘟疫也同样频发:北宋的167年里暴发了大规模瘟疫59次,南宋仅都城临安一地,152年里就暴发了15次大瘟疫;明朝从朱元璋称帝至崇祯殉国的276年里,共暴发大规模瘟疫75次,甚至还有一年暴发多次瘟疫的惨状;清朝从入关至鸦片战争的196年里,有78年暴发过大规模瘟疫。

可以说,对疫情的控制,对于中国历代执政者来说都是关乎生死存亡的考验。面对这样的考验,哪怕在科技医疗力量有限的情况下,中国古人也顽强摸索出了一些方法,力争将每次疫情的死亡率都降到最低点。

02

首先最重要的疫情控制思路,就是切断传染源。

在医疗条件落后的中国古代,许多惨痛的瘟疫悲剧,都是因对传染源的防控不力造成的。于是,在经历了多次教训后,切断传染源就成了每次大疫时执政者的重要决策。

比如宋神宗年间的虔州瘟疫,就是雨季时上游水源被污染造成的。由于污染源无法被切断,导致疫情每年反反复复,直到新任知州刘彝上任后果断采取措施,以"雨污分离"的思路重建当地的城市水渠,建成了著名的"福寿沟",确保污水绕开城市生活区,肆虐当地多年的瘟疫才终于消停下来。

对于明末清初时持续不断的天花瘟疫,清朝从入关以前就高度重视。清太宗皇太极在位时,清朝就设立了"查痘官",只要发现"出痘"的病例,立刻采取隔离措施。一切瞒报谎报行为,都要"论以死罪"。

与切断传染源相呼应的,还有对疫区及患病者的隔离措施。

古代人员流动没有现代这样密集。之所以每次战乱时往往伴随着大疫，也与战乱时期难民增加、人口流动频繁有关。所以在古代的太平年代，只要疫情暴发，疫区隔离就是重中之重。清朝的法律规定，只要发现天花患者，就必须将其隔离，令其在离城二十里处居住。海外来华的船只，也要严格排查出痘者，杜绝一切输入通道。

03

疫区的卫生防疫，也同样十分重要。比如明末学者谢肇淛，就曾怒揭晚明瘟疫频发就是因为城市卫生条件太差，特别是天子脚下的北京城，长期管理混乱，以至于"市上又多粪秽"，"故疟疾瘟疫，相仍不绝"。北京百姓要躲避瘟疫，"唯静坐简出"。

当然，单纯地躲并不是办法，疫区的卫生清洁更加重要。除了明末这类行政混乱的年代外，大多数时候政府都对此极为重视。明朝景泰五年（1454年）四川发生瘟疫，当地巡抚就下令分片划定十几个灾民安置区域，每天清理卫生，终于"活数万人"。

早在宋朝时，就有了"避疫"制度，即将疫区里的民众迁移到特定地方安置。比如宋真宗年间河北发生瘟疫时，政府就下令将当地百姓南迁避疫，并由医官院提供药品与粮食，并提供必要的医疗指导。洪州瘟疫时，知州刘彝除了切断传染源，还特意印发了医疗手册《正俗方》，3700多个平日招摇撞骗的巫医，被他抓来集中学习，不肯改邪归正的一律严惩。清朝的几次大瘟疫，政府也组织人力物力，印发《温热暑疫全书》等医疗手册，分发各地官员百姓，达到了很好的救灾效果。

04

历代王朝在面对瘟疫时，对国家经济与医疗力量的动员与投入都很惊人。

及时的医疗投入，是防疫成功的关键。北宋年间，朝廷就设有"防疫专款"，用于西南各州的卫生防疫，每个州都可以享有两百贯的专款。

每当疫情发生时，减免疫区的赋税，发放粮食药品赈济，派遣医生施药，都是各个王朝的常规动作。比如万历十五年（1587年），北京发生了瘟疫，朝廷就调用太医院的医生，在北京的五城范围内免费诊病，给受灾家庭免费提供药品与银钱。正统十四年（1449年）淮扬瘟疫时，朝廷派了四十多名医生，给每个医生划定片区，提供药物和医疗服务，救治当地百姓。

从宋朝开始，各地的药局就成了救灾防疫的主力。特别是自宋朝起推广各地的惠民药局，几百年里一直担负着放药防疫的重任，在后世几个王朝的抗疫行动中发挥了重要作用。

38. 古人怎么处理城市卫生

前文说过，在古代，瘟疫的发生与当地的卫生环境有很大关系。那么在古代，是如何处理人口密度相对较大的城市的卫生呢？

在《袁崇焕评传》里，金庸把晚明王朝骂了个狗血淋头。不过，在这篇文章里，金庸也实实在在地夸了明朝一句："在万历初年，北京、南京、扬州、杭州这些就像万历彩瓷那样华美的大城市，在外国人心目中真像是天堂一样。"这句话确实道出了明朝一桩实实在在的辉煌成就，那就是强大的城市卫生管理水平。

01

其实中国古代的城市卫生管理，历代都非常严格，在唐宋时期就已有非常成熟的卫生管理制度。

唐朝对于随便倾倒垃圾要处以刑罚，有关管理部门倘若没起到监管责任，一样获罪。根据《唐律疏议》记载，这惩罚可不是罚钱，而是要打六十下板子。不过对于长安这样的大城市，完全靠行政管理显然不够，于是经济杠杆就起到了作用。

从唐朝开始，就出现了以清理垃圾粪便为职业的人。所谓"三百六十行，行行出状元"，干这一行的还真有人成了百万富翁，《太平广记》记载："河东人裴明礼，善于理业，收人间所弃物，积而鬻之，以此家产巨万。"

到了宋朝，环卫工人正式"上线"，不仅拿月薪，还能领到制服。街道司是宋朝专门设置的管理城市环境卫生的机构，负责招募"环卫工人"，每天早晨负责打扫街道、清理生活垃圾，当时给出的月薪是"钱二千，青衫子一领"。

02

到了明朝，这些制度得到继承与发展，卫生管理水平更进一步。

首先，城市和乡村垃圾处理工作非常细致。有专门人员负责在城市回收垃圾粪便，然后运到乡村出售，各种生活垃圾都有专门的人回收。这让很多传教士大开眼界，于是纷纷用生动的笔墨记录明朝城市的垃圾回收。比如葡萄牙人盖略特·伯来拉就说："这儿还出售马桶里的粪便……使用肥料的农民从每条街收购这种肮脏的货物，买去施用于植物。而这种做法对于保持城市清洁很有好处。"传教士曾德昭则说："国家虽然如此富有，人民勤劳，谋生的手段和方法很多，但他们仍不放弃任何能给他们带来好处的东西。贵重物品虽然足够充裕，但仍有专人利用牛骨、猪毛，以及扔到街上的破布。"

其实，对于那个时候造访明朝的外国人来说，"清洁"几乎是他们对中国的共同印象，亦如拉达在《中国札记》里所说："他们第一是极其清洁的，不仅在他们的屋内，更是在大街上。"

之所以能做到这一点，除了明朝的公共卫生管理水平高超之外，当时城市的排污排水设计和工程建设也绝对是超一流的。

《苏联专家在中国》一书里说到这样一个案例："在整修北京下水道工程中，为了考察下水道是否需要重建，苏联专家高莱托夫亲自钻进污臭的暗沟，查看沟砖被侵蚀的程度。经过证实，这些在明朝修建的暗沟，再使用几十年也没问题。"

《南京明城墙》一书也介绍过明朝城市水利设施的涵闸："玄武湖泄水口的武庙闸，工程设计独具匠心，高达数丈的闸槽以及幽深的隧道，至今异常坚固，隧道里一把随水流不断旋转的绞刀，能切碎随湖水而来的杂草，使水路不被堵塞。"可以说，这个排水设计在当时绝对相当先进。

利玛窦在他的中国札记里，对明朝苏州城内的河水给予了充分的赞美："这里的水是淡水，清澈透明，不像威尼斯的水那样又咸又涩。"

可以说，在万历中期之前，慕名而来的外国传教士们一上岸就看花了眼：这是一个多么富庶而洁净的大明啊！

03

然而，这些传教士的记录主要集中在16世纪下半叶，正值明朝经济繁荣、国力强盛的"隆万中兴"时代。当时的明朝商品经济发达，市民经济文化正空前火热，正如明朝大学士于慎行形容的，"今都城如卖酱、屠沽有千万之赀"。繁荣的经济，也推动了城市管理水平的进步。

但随着万历中后期明朝吏治效率的日益低下，曾经"无比整洁"的城市卫生，也越来越不行了。

我们在上一篇提过，明朝万历二十年（1592年）的进士谢肇淛，就曾上奏称北京城的卫生状况较差，已经到了"市上又多粪秽"的地步。特别是每到夏天，一场雨水过后，街面上苍蝇蚊子乱飞。所以年年夏季，北京城疟疾等疾病都要大流行。想自保健康，"惟静坐简出足以当之"。

《万历野获编》中有这样一个说法：城市里最脏乱差的要数汴梁，一下雨，积水中粪水横流，泥水能溅到腰腹之上，好不容易晴上两天，一起风又是尘土飞扬，根本睁不开眼。也就是说到了明末，大城市的脏乱差几乎成了"通病"。

为什么会这样呢？

根据葛剑雄等学者的考证，明朝中前期，北京只有70万人，到了天启年间，已经增加到124万人。人一多，流动性就大，自然给城市卫生管理带来考验。

再加上明末政治腐败，吏治效率低下，特别是还摊上万历这么个皇帝（他最出名的事迹就是三十年"不上朝"）。三十多年的怠政，导致的直接后果就是各级官员缺编严重。根据大学士叶向高的奏报，六部中只剩下一部有尚书了，全国的巡抚、巡按御史、各府州县的知事已缺了一半以上。

地方官都缺成这样了，城市卫生还有谁来管？所以，为什么明末的许多城市会瘟疫横行，脏乱不堪，也就不难理解了。

城市卫生，不只是一个王朝的脸面，更是这个王朝管理水平的见证。城市"脏不脏"的话题，体现的是古代社会对生活卫生的重视程度与处理结果，其实也是一个王朝兴衰的晴雨表。

39.古代也盛行火葬吗

01

死亡是人类永远不可回避的话题，每个人最终都会死去。在我国传统历史上，面对生命的终结，讲究的是入土为安。在宋朝，就鼓励人们土葬而不允许火葬，甚至将其列入法律。

北宋初年的《宋刑统》记载："子孙于祖父母、父母……烧棺椁者，流二千里，烧尸者绞。"也就是说，长辈如果去世，后辈是不能火葬的，否则轻者流放，重者绞刑。

但是到了南宋，对于火葬这一现象，其实朝廷已经不怎么管控或禁止了。翻阅南宋各类关于丧葬的史料，都难以找到禁止火葬的相关记载。此外，对比宋朝的文学作品所反映出来的现象，会发现火葬其实比土葬还要盛行。在施耐庵的《水浒传》第二十五回中，武大郎死后，潘金莲"只三日便出殡，去城外烧化"，在阳谷县城外不远处就有一个现成的火葬场，可见当地人都习惯采取将死者火葬的处理方式。

那么，为什么宋朝会从一开始严禁火葬，到后来又默许和接受火葬这种送葬方式呢？其中又有哪些原因导致火葬比土葬更加盛行呢？

02

首先最大的一个原因是，大多数老百姓"没钱"，土葬不起。

在某些古装影视剧里，我们会看到一个场景，当饥荒或瘟疫来临后，死的人多了，没地方也没人力去埋葬，顶多是裹上一张席子，就被扔到乱葬岗了。其实"用草席裹上尸体"这种送葬方式，在古代底层人家是比较常见的。

有一些老人活了大半辈子，除了维持生计之外，攒点钱就是为了买一口好点的棺材，就是所谓的"棺材本儿"。如果家境好一点，可能会在生前就置办好棺材，再给自己买一块风水好的墓地，生前就处理好身后事，这样哪天撒手人寰了，也能入土为安。

可是大多数底层百姓活着都不一定能吃饱饭，又哪有闲钱和闲工夫去置办死后的事？

他们死后，送葬的任务就落在儿女头上，而他们的儿女大概率也没钱，甚至会出现"卖身葬父"。也许有人会问，穷到什么程度需要把自己卖了才能给父亲送葬呢？但反过来想，仅仅是给父亲送个葬，就需要把自己卖掉才能送得起，这个送葬是个什么概念，你就能明白了。

03

另外，古代医疗卫生条件并不如我们今天这样好，可能现在一些很容易治好的病，在古代都是致命的疾病，有一些疾病还有传染人的风险。如果再出现瘟疫、鼠疫等传染病暴发，更是会带来很大的传染风险。

如果选择土葬，传染病是不会被杜绝的，那些尸体所携带的病菌也会以各种方式继续传播。据《宋文鉴》记载："或以恶疾而死，俗云有种，虑染其后者而焚之。"古人肯定是总结出了经验，认识到唯有火烧才能断绝病菌的传染。而且，死去的人，尸体如果存放过久，也会开始腐烂，出于对活着的人的安全考虑，焚烧才最靠谱。

04

值得一提的是，火葬比土葬更省事儿省力。尤其是对于客居他乡的人来说，这一点体现得尤为明显。

吕祖谦在《少仪外传》中一句话直接点明了选择火葬的原因："旅宦远方，贫不能致其柩，不焚之，何以致其归葬？"

古代的交通不如现在发达，去参加科举考试赶路有时候就要好几年。远走他乡，出门做官，那些人如果老死病死，也讲究落叶归根，要在自己的老家安葬。如果是死在他乡，土葬就要把尸体安放在灵柩中运送回去，这一路过去，时间短的也要十天半个月，长的就得一年半载。等到了老家，尸体也已经腐化了。且不说这也是对逝者的一种不敬，就这一路安葬所需花费，也不是一般人家能承受的。

唐宋八大家之一的苏洵，公元1066年在开封去世，苏轼等人要将父亲带回老家安葬，朝廷给了一百两白银的安葬费，然后又派了官船护送其尸体回老家。一路下汴河，入淮河，经过长江，花了半年多时间，才到老家四川眉山。

假如是普通人，没有朝廷发放的安葬费，也没有官船护送，那大概率是要火化之后，再将死者的骨灰送回老家安葬，这才是普通人最常见的送葬方式。

在宋朝的风俗文化中，火葬渐渐成了人们丧葬的首选方式。从北宋最初禁止，到南宋盛行，火葬是顺应民意的表现。其实，无论是土葬还是火葬，都是一种尊敬死者的送葬方式，比起土葬的种种弊端，火葬在宋朝如此盛行也是能够理解的。

40.古人能开荒种地吗

在古代,中国还是农耕社会,大多数人的身份都是农民,而且多是穷困的农民。那么有人可能会问:在封建制生产关系的古代社会,理论上来说,人少地多,开荒似乎不难。只要把荒地侍弄好,做个手里有粮的自耕农,喂马、劈柴、照顾家园,这田园诗一般的生活,难道不比给地主家干活自在吗?为什么古代农民不自己开荒,而要纷纷给地主打工呢?

01

首先,想要开荒,那高昂的生产成本,古代农民根本负担不起。稻种、农具等先不论,最"刚需"的耕牛也是一笔不小的开支。

中国人使用耕牛的历史,可以追溯到战国时期。由于古代中国铁农具装备先进,一两头使用中国曲辕犁的耕牛,能完成同时期欧洲六至八头耕牛的工作量。但对于古代中国农民来说,养牛的负担绝不小。即便在商品经济无比繁荣、"集约养殖"技术空前发达的宋朝,耕牛产量已经大大提高,但"一牛马所费,当五人之食",

每天单是喂牛,就是一笔不小的费用。根据南宋学者方万里估算,慈溪官府养八头牛,每头牛每月要吃掉一贯草料钱。到最后,由于官府负担不起养牛费用,以至于"牛存者一头"。

养不起牛,那直接买牛呢?耕牛的市场价随时代波动。根据《宋会要》的记载,北宋初年一头耕牛的平均价格大约是三贯钱,北宋中后期暴涨到十贯,南宋更是涨得没边,长期保持在四十贯钱的高价。要知道,北宋初期的普通文官,月薪通常是十贯钱。宋仁宗年间的县令,月薪最高也就十五贯,还经常被克扣。买牛对于官宦家庭来说都不轻松,普通农民当然更不易。"二十亩地一头牛"的愿望,对于古代农民来说,真是一辈子的奢求。

在宋朝,租牛在农村很常见。普通的佃户,都是"借人之牛,受人直土"。苏轼形容说,宋朝许多大地主家庭,名下动辄有三五百佃农,靠租用主人家的耕牛来耕作。据现代学者估算,宋朝五口之家的佃户,全年口粮就需要40石,加上交租要80石,全年产量上不去,一家老小就要饿肚子。这牛再金贵,也得租。

所以,在中国历代鼓励垦荒之时,为提高农民积极性,统治者们也纷纷在耕牛方面做文章。比如曹操就下令官府用盐业利润收购耕牛,再借贷给北方农户。战死的士兵家属,也可以享受"官给耕牛"的待遇。只这一条,就让不少北方军民眼睛放光,精神抖擞地给曹操卖命。

在明初全力恢复经济的年代里,"耕牛大派送"也成了常事。明太祖朱元璋在位时,就曾四次拨出专款,购买耕牛分发给北方垦荒农民,每次都是数万头的规模。明成祖朱棣即位不到一个月,就对山东、河南的农民"以官牛给之",不但送牛,官府还打造相关农具配套赠送。

正是由于这不惜血本的投入,才有了明初农业高速发展,农业产值甩开宋元一倍,国家储粮"宇内富庶"的好景象。但这类"送耕牛"的好年月毕竟是少数。

光是耕牛问题都这么难解决,再算上天灾丰歉以及种子肥料等各种成本,古代农民负担之重可想而知,哪里能想开荒就开荒?

02

退一万步说,就算农户天生神力开荒成功,建立了自己幸福的田园。可这田园能维持几代,也同样是问题。哪怕年年风调雨顺,哪怕农业生产成本一直稳定不变。封建王朝的盘剥与土地兼并都足以让一家普通农户扛不住。

宋朝号称统治者不遏兼并,宋朝农民的负担也一代代暴增。除了日常的"二税"外,农具、牛皮、盐、铁等十几种名目都要再额外交税。到了北宋中后期,这些附加税往往是"二税"的数倍。更狠的是徭役,按照北宋的徭役制度,本应由有钱的富户担任"衙前",即组织劳役,可北宋徭役沉重,有钱人不会背这锅,稍有钱的自耕农就倒了血霉,服一次劳役下来,就能折腾到破产。

北宋仁宗时期的名臣韩琦叹息说,许多自耕农地不敢种,牛不敢养,家里有守寡老母的都逼着老太太改嫁,就怕被人误会自己有钱,当上"衙前"。后来,很多自耕农为了逃役,几乎是举家逃亡,以至于"税存户亡",这样的光景,再好的田园生活,也是过不下去的。

"老直臣"包拯向宋仁宗揭示真相:大宋土地还是那些土地,

农民还是那些农民，可吃俸禄的官员数量，四十年里增加了三倍，而且应官员们的要求，俸禄水平还隔几年就涨一次。这么多钱从哪里来，可不就是"重率暴敛，日甚一日"，最后都是让老百姓埋单。"爱民"的宋仁宗听得连连嗟叹，可叹息过后，还是该暴敛的照样暴敛。为什么"优雅"且"皇帝仁慈"的大宋在三个世纪里闹了四百多次农民起义，也就不奇怪了。

明初号称轻徭薄赋，但到了中后期，农民承担的赋税也是不知不觉地涨。弘治年间时，东南地区的农村赋税，就通过"折变"的方式，增加了五十多种附加税。万历年间推行全国的"一条鞭"法，在张居正去世后就走了样。万历亲政后，东南农业赋税"折银"，竟然增加了三倍多。地还是那些地，赋税滚雪球似的增加，任何一个自耕农家庭，都苦不堪言。赋税如此沉重，交不起税的农民们，自然也不得不舍弃土地。所以在明朝中后期的东南沿海，土地兼并的新一轮狂潮掀起。享有特权的皇室官僚们大量兼并土地，千千万万交不起税的农民沦为佃农，"富者田连阡陌……无公家丝粒之需，贫者无立锥之地，而租税额如故"。有钱人不交税，穷人交不起，东南地区，就这样陷入恶性循环里。

在富庶的东南，贫穷的农民尚可做佃农，而在本就不富裕的北方，农民的处境只能更糟。比如陕西西乡地区，"富民置产，弃多贫民"，甚至"地无立锥者输且关石"。地都没了，重税照样要交。富人们还会用"飞洒"等手段，把自己应缴纳的税赋转移给穷人，以至于"有赤子无立锥地而包赔数十亩空粮者"，穷到赤条条，也得替人扛税。

这样一来，农民们别说"田园生活"，就算想做佃户也不可得,只能举家逃亡。天启年间的河南就出现了整村农民逃光的奇特景象。有些人烟稠密的村庄成了无人区,昔日肥沃的土地变成了荒地。

当可怜的农民已到了做佃户不可得的地步时,那场席卷中原、让崇祯帝悲戚戚上吊的大乱,已经悄然埋下伏笔。而制造这一切的,恰是明朝君臣自己。

41. 古人可以靠捕鱼打猎度饥荒吗

01

若说古代农民没地种,还可以当佃户;过冬没地窖避寒,多穿几件破衣服也能勉强挨过寒冬。可若是碰到大饥荒,那才真是走投无路。

在古代典籍的记录里,最让人不忍卒读的,就是对古代灾荒的种种描绘,那些"大旱""大饥""流离失所""饿殍遍野"的恐怖景象,让人读到心头滴血。于是就有人问:"古代动植物资源这么丰富,没粮食吃可以捕鱼打猎啊,古人为啥这么想不开?"

那么,古代饥荒时"捕鱼打猎度荒"的主意,到底靠不靠谱?

确实有靠谱的时候,历朝历代的灾荒时节,也常有背井离乡的流民钻进山林,靠打猎捕鱼讨生活。最出名的就是中晚唐年间,生活在嵩山山区里的"山棚",基本都是各地逃荒到这里的流民。

但更残酷的事实是:在那些破坏力巨大的灾荒面前,"捕鱼打猎"的法子基本没用。

02

为何没用？

明末大饥荒时,原籍陕西安塞县的官员马懋才在奏疏里提到,自己在全国多地当过官,还从辽东战场的死人堆里爬出来过,什么样的惨景都见过,却是"未有极苦极惨如所见臣乡之灾异者"。也就是哪怕战场上的尸山血海,都不如饥荒里的灾区惨:陕北闹旱灾后,简直"草木枯焦",老百姓只能跑到山里吃树皮野草,树皮野草吃光了就只能吃泥土,"不数日则腹胀下坠而死"……

近代史上保守估计饿死一千万人的晚清"丁戊奇荒",更是如此。在直隶、山西、陕西等受灾省份,"有尽村无遗者",整个村子全都饿死;还有灾民"望地而僵"。那活着的人都吃什么?一开始是苜蓿和柳叶,后来就是杂草和树皮,家家户户"经年不见谷食者"。灾区的儿童们个个皮包骨头、肚子肿胀,让他们去"捕鱼打猎"?几乎是痴人说梦。

所以,碰上这样的大灾,就算能靠山吃山,山里的动物也大多跑光了,特别是在"草木枯焦"的旱灾里,河流也大量干涸,哪有什么鱼虾。就算有,又怎能供得起这么多的灾民?

03

而对于饥荒里的百姓来说,"饿死人"往往只是苦难的开始,饥荒之后往往伴随的是瘟疫肆虐。比如明末大饥荒里的河南地区,开封府治下的阳武县,就在瘟疫里"死者十九",荥阳县由于死人太多,以至于春季三月时节"路无人行"。然后就是持续的动乱,比如在马懋才的家乡安塞，幸存的灾民为了活命，就开始"相聚为盗"，而后就走一路抢一路，"而抢掠无遗矣"……

而当饥荒引起的动乱发展成规模后，就是震撼全国的大乱，在一连串连锁反应下，周边原本没有饥荒的地区也会被波及。还是以席卷明朝北方的"明末农民大起义"来说，不只是灾区在动乱里血流成河，原本富庶的江淮地区也在一波波战乱和横征暴敛里逐渐荒废。官员徐标途经江淮进京上任，一路看到当地"蓬蒿满路，鸡犬无音"的惨景，他在这个春耕时节走过江淮各地农村，竟连一个种田的农人都看不到……

这一番惨景，连看到徐标奏疏的崇祯也是边看边流泪。可再流泪又有什么用呢？就连这大明王朝，此时都已进入"倒计时"——如果说饥荒好比一个王朝的伤口，那么接下来因"救灾不力"而引发的种种惨状，就好比各种凶猛的并发症，一轮接一轮地爆发，直到完全吞噬这个王朝的生命。

04

所以，比起"让老百姓捕鱼打猎"之类的主意，中国历代"大一统"王朝在饥荒问题面前，都重点在一桩大事上开动脑筋——如何提升粮食储备，增强抗灾能力。用现在的话说，就是要"重视粮食安全"。

在这个问题上，从元末大饥荒废墟上建立起来的明朝，曾经一度"弦绷得紧"。明太祖朱元璋登基建国后，除了延续宋元的"常平仓"政策外，又在全国各地广建"预备仓"，不遗余力储备粮食。在他晚年时期，明王朝就出现了"府县仓廪蓄积甚丰，至红腐不可食"的盛况。甚至在"放粮救灾"方面，明朝官场一度也有"红线"——官员救灾不力，有可能会被处死，倘若灾情紧急，地方官完全可以不经请示，先行开仓放粮。

雄厚的粮食储备，也曾是明朝亮眼的"名片"。明末时拉达、利玛窦等外国传教士们，都记载过明朝"远比欧洲富裕得多"的盛景。哪怕在万历十年改革家张居正去世时，此时的明朝依然"太仓粟可支十年"，仅太仓积攒的粮食，就"十年吃不完"。理论上说，此时的明朝，完全可以扛得住任何饥荒。

而取代了明朝的清朝，立国后也牢记明朝"饥荒亡国"的教训，对于"粮食安全"不敢放松。特别是雍正年间，经过"摊丁入亩"等一系列改革，清朝的粮食储量达到了惊人的2800万石。乾隆皇帝登基后，更把储粮标准提高到了4800万石。追求"十全文治武功"的乾隆，在粮食政策上无比务实，乾隆年间的救荒政策，不但彻底取消了官定利息，且有严格的"各省互救"国策，千方百计杜绝饥荒。

05

那么，既然明清两朝都曾高度重视"粮食安全"，为何在其末世都出现了惨烈的"饥荒"现象呢？因为破坏"粮食安全"的，不是天灾，而是人祸。

就以明朝为例，虽然明朝历代帝王都高度重视粮食储备，但随着明朝政治的腐败，丰厚的储粮也成了官员眼中的肥肉，贪占挪用粮食成了惯用套路。就连一度遍布全国的"预备仓"，到了明末也彻底不见踪影，许多"预备仓"甚至改建成了王府。万历"亲政"

的几十年里,由于他善做甩手掌柜,明朝的粮食储备锐减,万历四十六年时,"天子脚下"的京仓竟然"仅有两年之积",通仓"仅半年之储"。

再加上明末商品经济发达,原本作为"产粮区"的江南地区,大批农田都改种了经济作物。在全国各地农村,大批农民都扔下土地涌入城市,哪怕北京周边的农村也是"土旷人稀",一批批农民进入城镇、矿山谋生,粮食产量自然锐减。就算在经济富庶的苏松地区,明朝万历晚期的十年里,粮食价格竟不知不觉涨了1.6倍。

在清朝"丁戊奇荒"前二十年,出于巨大的经济利益诱惑,北方各省大片良田都改种了鸦片。比如在"重灾区"山西省,全省530万亩农田,有60万亩种上了鸦片,于是山西境内哪里产烟最多,哪里就"饿毙者多"。在山西境内大片"罂粟花"下,受灾百姓多达五六百万人,"每日饿毙者何止千人"。丰厚的鸦片收益,喂饱了极少数的蛀虫,也碾碎了清朝的"粮食安全红线"。因此,晚清年间的"丁戊奇荒"不是天灾,而是人祸。

六 经济篇

经济基础决定上层建筑,了解古代货币的流通规则,是了解古人日常生活的底层逻辑。

42. 古人用什么钱

柴米油盐酱醋茶,古人生活里开门七件事,样样离不开它——钱。所以,一开篇,我们先来聊一聊关于钱的话题。

古代有哪些物品可以当钱花呢?我们都知道,金子、银子、铜钱都是古代的货币,但是不是只有金银铜才能充当货币呢?

其实,在整个中国古代史上,金银这类贵金属的产量一直有限,所以在不同时期,总会有一些"特殊材料"来充当货币。

01

在古代货币史上,作为纺织品的绢帛,长期以来都是比肩铜钱的硬通货。

早在春秋战国时期,绢帛就常用来交换各种货物。汉朝几次乱发铜钱导致信誉暴跌时,绢帛更是百姓最信赖的资产。三国中的魏国甚至一度废掉所有铜钱,市场上专用绢帛交易,甚至连百姓完粮纳税都是用绢帛代替。到了生产力空前发达的唐朝,绢帛更是成了财富的象征。盛唐富豪王元宝,就曾拿着绢帛向唐玄宗炫富:"南山树尽,臣绢未尽。"有绢帛,就意味着有钱。

绢帛在市场交易中使用得十分广泛。在唐朝,一匹绢帛通常能换铜钱五百文,相当于现在的1800元人民币。唐朝法律规定,市场上十贯以上的交易,都要用绢帛来支付。唐朝官员领工资,甚至皇帝赏赐大臣,通常都是大批绢帛。有时绢帛甚至连小额交易也能用上,据《云仙杂记》记载:"村落买鱼肉者,俗人买以胡绢半尺。"撕半尺绢,吃饭就能埋单,堪称唐朝通行货币。

02

比起"熟脸"绢帛,铁钱则更像一匹黑马,历朝历代每次出现特殊时期,它就从斜刺里杀出来。

铁钱的出现可以追溯到西汉,但第一次火遍市场却是在南梁时期。当时南北对峙,严重缺铜钱的梁朝一咬牙,干脆彻底禁止铜钱流通,大规模发行四种铁钱,使铁钱正式成为国家的统治货币,结果果然尝到甜头,一度开创了梁朝的黄金时代。

自此以后,铁钱就成了很多南方割据政权的大爱,到了唐末及五代十国时期,南方各路政权画地为牢,军力虽弱,工商业却十分红火,用钱也就更为急迫,"钱荒"现象时有发生,于是各路政权也就疯狂加铸铁钱,几十年间发行的铁钱种类五花八门。

两宋时期,是中国铁钱的巅峰时代。宋朝之所以喜欢铁钱,首先是因为当时的铸造技术进步,灌钢法和生熟铁杂糅都是常规技术,快速铸造铁钱十分容易,更重要的是出于对国家经济安全的考虑:宋朝与辽、夏多年和战,外贸往来也红火,为了防止铜钱外流,宋朝就大力推广铁钱。外加宋朝工商业更发达,用钱需求更旺，低成本的铁钱，当然就成了市场上不可缺少的货币。

03

然而，铁钱虽然铸造方便，携带却非常困难，而宋朝铁钱使用率极高的蜀地，交通又不方便。以宋初的物价，在蜀地买一匹布需要20贯铁钱，等于要扛着120斤铁来交易。于是，受够了的商户们独出心裁，开创了保管现金的"交子铺户"，以纸做的"交子"来交易。政治家张咏主政蜀地时，又选了其中十六家富户经营，正式发行官方纸币"交子"，这就是中国最早的纸币。

从此之后，在宋朝扎实的运作下，纸币迅速流通起来，并带火了宋朝发达的商业贸易。金、元两个王朝，也各自发行了自己的纸币。不过，这看似薄薄的一张纸，却不能随便乱发行，稍有疏忽就会发生通货膨胀。金、元晚期都曾因纸币贬值闹出大乱，直接加速了国家灭亡。

待到明朝建立后，由于元朝跑路跑得太彻底，北方的贵金属被尽数带走，明太祖朱元璋也就发行了明朝版的纸币——大明宝钞。明朝虽然做了充足准备，又设立严刑峻法防止出现伪钞，但严刑峻法也挡不住经济规律。从15世纪起，大明宝钞持续贬值，到16世纪时已几乎沦为废纸。

可见，在古代经济条件下，全面发行纸币，既是刺激经济的好手段，又同样有着高风险。

43. 古代银子值钱吗

前面说到除了金银铜,绢帛、铁钱和纸币也曾做过古代货币。但一般说起古代的钱,大多数人的第一反应还是银子。这可能与影视剧的宣传有关——武侠片里大侠下馆子的场景相信大家都看过:热热闹闹的酒馆里,大侠吃饱喝足,竟连多少钱都不问,随手扔一块银子在桌上就飘然而去。这豪气的一幕,让多少武侠迷心向往之。

其实,这类场景如果放在16世纪之前的古代中国,可以说是非常不靠谱的。倒不是说大侠没钱,而是在明朝中叶以前,用银子当钱花属于严重违法行为,就算大侠敢扔银子,店家也未必敢收。

01

中国人使用白银的历史,可以追溯到公元前1600年左右。甘肃玉门火烧沟墓地出土的银鼻环,被公认是中国境内最早的银制品。战国时期的墓葬发掘也说明,那时的白银已被国人用于制作武器或首饰。

但白银作为货币使用的历史却短得多——明朝弘治元年（1488年）起，征税才开始用银；嘉靖四年（1525年）起，白银大量在市场流通；隆庆元年（1567年），明朝才正式宣布"凡买卖货物，值银一钱以上者，银钱兼使"，白银这才算完成"上位"，成为法定货币。

而在此之前，哪怕是富庶的盛唐，也常为贵金属原材料不足而苦恼，别说白银了，铸钱的铜都年年稀缺。唐朝曾限制商人带铜钱出境，甚至禁止民间买卖铜料。铜都如此贵重，用白银做货币当然更是奢求。大额的货币支付，在唐朝多是用绸缎布帛。

在商品经济发达的宋朝，白银倒是当钱用了。比如花钱买和平的"澶渊之盟"，北宋每年要给辽国支付"银十万两"（后来增到二十万两）。南宋与金国的"绍兴和议"也规定，南宋每年要"上贡"给金国二十五万两白银。此外，南宋官府采购粮食、茶叶等物资，也经常"出银十万两"，发军饷时也经常"犒军银"，白银当钱用的时候看起来真不少。

但事实上，除了外交以外，白银在宋朝只是衡量价格的尺度，在日常经济活动中，哪怕是官府，也往往会把白银换算成等额铜钱来交易。此时，白银并不是法定货币。

所以，明朝之前的大侠们花钱都不用白银。比如宋初推行纸币的张咏，早年也是名声在外的豪侠，他在江湖上行侠仗义时住过不少酒馆客栈，但结账的时候都是用铜钱，汤阴县令仰慕他，馈赠给他的也是铜钱。"扔下一块银子就走"的豪迈事，他也没干过。

02

归根结底，中国本身就不是产银国，铜矿少，银矿更少。唐朝时，中国每年的白银产量不过一万五千两。宋朝手工业大发展，但赚白银最多的北宋，年产量最高时也只有八十八万两，正常年景只有二三十万两。就这么点白银，每年还要送出几十万两去"买和平"，哪有富余的白银用于市场流通啊。

所以汴京之围时，金兵狮子大开口，要北宋"孝敬"一千万两白银。号称"丰亨豫大"的汴京城翻了个底朝天，从皇宫到老百姓家的白银都被掏干净了，最后也只凑出一百万两，只有五百多年后李自成在北京"追饷"所得的七十分之一。到了南宋，由于产银地都割了出去，白银产量更是锐减，每年二十五万两的岁币常常是勒紧裤腰带都凑不齐。

白银从明朝中期开始，地位扶摇直上，最终成为"法定货币"，得益于白银总量的暴增。

随着大航海时代的到来，明清的外贸水平远超唐宋，单是16世纪，明朝就向葡萄牙、西班牙卖出了二百万件瓷器。明末，仅从澳门一地卖出的丝绸，就多达每年六千担。此外，中国的白糖、铁锅等也都在国际市场大卖。到了清朝雍正年间，广东每年纷至沓来的"夷船"都不带洋货，而是满载白银，上岸就拼命"扫货"。享誉中外的佛山铁锅每年能卖出两万多斤。可以想象，有多少白银因此"蜂拥"入中国。

根据17世纪西班牙殖民当局的报告，每年光是从菲律宾涌入中国的白银，就在200万比索①以上。日本学者小叶田淳断定，明末

---

① 比索，是一种主要在前西班牙殖民地国家所使用的货币单位。——编者注（如无特殊说明，本书脚注均为编者注）

从日本流入中国的白银，保守估计在七千万两以上。许多外国学者甚至认为，这一时期，全世界三分之一到四分之一的白银都进入了中国市场。

03

在这样的大趋势下，"掏银子"也就成了明清百姓生活的日常。那么，豪气的大侠随手扔在桌上的一块银子，购买力究竟如何呢？

明清年间的白银，最大的有五十两一锭的银锭，另外还有二十五两、十两等各个级别，更小的还有"银锞子"。而当时的物价，根据万历年间的《宛署杂记》统计，一钱六分白银可以买八斤上等猪肉，一钱白银可以买五斤鲤鱼，四分白银可以买一只活肥鸡。明朝小说《金瓶梅》里，西门庆的女儿、女婿、妻妾等九人，花一两银子就办了桌有烧鸭、两只鸡、金华酒以及配菜的上好酒席，九个人连吃带喝吃了一天。至于五十两的大银锭，从明朝小说《三言二拍》的内容推断，可以买套"坟边左近"的低档房了。

而明清时期人们的收入有多少呢？明朝正七品的县官，一年俸禄才四十五两白银，号称历朝历代最低；县衙里的马夫，年薪是四十两白银；而更夫年薪只有三两六钱；铺兵的年薪也不过九两六钱。清朝的官员中，乾隆年间巡抚的年俸是一百五十两，总督的年俸是一百八十两。所以说，无论比物价还是比工资，如果哪位大侠真的扔下一块银子就走，哪怕是几两银子的银锞子，也属于"土豪"行为了。

尤其是在鸦片战争前夕，白银购买力进一步提高。不同于明末清初火热的外贸，随着一批批传教士学走了中国的造纸、瓷器、纺织、种茶等产业技术，加之西方完成工业革命，中国商品的优势早已不再，反而是海外汹涌而来的鸦片使得中国的白银大量外流。19世纪的前三十多年间，英国向中国走私了四十多万箱鸦片，保守估计赚走了三亿多银元。

白银大量"流出"，中国境内白银锐减，价格也因此飙升。乾隆年间，一两白银能兑换八九百文铜钱，到了道光年间，一两白银能兑换一千七百多文铜钱。而老百姓完粮纳税时却要把手里的铜钱兑换成白银，等于多了一道盘剥。林则徐叹息说，苏州、汉口等昔日的商业重镇，都是"各种货物销路皆疲"。缺银困扰着近代的大清。

44. 古人怎么上班

说完了货币，我们来说一说古人是怎么上班挣钱的。有人可能会说，古人能上什么班？其实，虽说古代科技与经济条件落后，但上班挣钱不是现代人的专利，看看明朝的世情百态，就知道古代的"上班族"，也是大有人在的。

01

首先来说公认的"上班族"——朝廷官员。别管职位高低，官吏都要靠上班来拿俸禄。

有人认为明朝官员工资太低，其实结合当时的经济水平来看，他们的工资并不算低。明太祖朱元璋时期，哪怕是正九品的县主簿，年薪也有60石禄米，相当于江南经济发达地区普通地主家庭一年的净收入。另外官员还有"优免"特权，凭此特权不但不用承担赋税劳役，还能借机大肆兼并土地。到了明朝中后期，"士大夫又多田产"已是常态。许多"清流人士"人前"安贫乐道"，其实名下的产业早已是天文数字。

但这工资最初也不好挣。明初时，官员们就任到岗，要遵循《授职到任须知》，后来换成《责任条例》，里面详细开列官员任期内的各类事务，考核的时候一件件查对，有一条完不成，后果都相当严重。就算没犯贪污腐败之类的大错，只要工作没对上，被严惩也是常事。明朝学者何良俊感慨地说，明初时做官那真是"吃了多少辛苦，受了多少惊骇"。明初吏治廉洁高效，工农业高速发展，就离不开这"官不聊生"的功劳。

02

除了官员，明朝的各行各业里"上班族"的群体也都在不停扩大，比如工匠。

明初的工匠们要承担繁重的劳役，甚至要轮班到京城服役。从明朝中期起，"服役"的口子越来越松，工匠们能"自由趁做"了，手工业也随之加速发展。明朝小说《三言二拍》里就曾感慨，明朝工匠的行当，有360行之多。据《江宁县志》记载，正德年间的江宁县里，铺行有104家，社会分工空前细化。

如此一来，城乡百工里的"上班族"也越来越多。比如徽州的冶铁业，每夜冶炼操作，轮番上班的工匠就有四五十人；浙江嘉兴的石门镇，一个镇里光油坊就有二十多家，上班的油工有八百人之多；制瓷中心景德镇的佣工达到数万人之多；以造纸闻名的石塘镇，纸工也在两千人以上。

更典型的是纺织业，江南的"机户"每家都有二三十台织机，动辄雇用数十名工人。单一个苏州城，染工与织工就各有数千人，内部更分成"车工""纺工""缎工"等不同工种。每天清晨，苏州的玄庙口都有数百工人在等着"机户"来雇用。

03

"上班族"的工资水平也是各有不同。根据《宛署杂记》的记载，明朝县衙的差役年收入是二十两白银；赶车的马夫待遇高，年收入能有四十两白银；装钉匠每天"工食银"七分；装炭匠要好得多，每天可以拿到三钱；比较惨的是衙门里的"更夫"和"铺兵"，辛苦一年才挣几两银子。有技术的职位，才能拿得多。

各行各业的工匠也是如此，比如景德镇的瓷工和石门镇的油工，都是"按日以银"领工资。油工们每天可以拿到二分白银。

高水平工匠的收入则水涨船高。嘉靖年间擅长做小木器的鲍匠、万历年间擅长铜器的胡四等，其"作品"无不卖出天价。晚明学者张岱叹息，很多没读过书的工匠，就凭着一手精巧手艺，不但能赚取巨额财富，还可以登堂入室，"与缙绅先生列坐抗礼焉"。

森严的封建等级制度，就在"上班族"的精巧劳作里，不知不觉地瓦解。明朝惹人艳羡的繁华，从这些景象中就可窥探出一二。

当然，繁华之下，也有危机。

比如，在看上去不需要上班的农村，上班族其实也不少见。根据《嘉兴府志》的记载，明朝中期的农村自耕农还是传统的"男耕女织"模式，但到了中后期，情况就发生了变化。在很多地区，农民已经不把种地当作唯一的出路。由于明朝中后期土地兼并严重，赋税徭役大多"甩锅"到穷苦农民头上，耕作收入无法保证生存，于是大量农民扔下土地逃亡，成了"流民"。流民的一条重要出路，就是"上班"。

与土地兼并相对应的，是明朝商品经济的发展，根据《宛署杂记》的记载，北京郊区的农民，辛苦一年的收入都不够果腹，于是很多农民选择去北京周边的窑厂、炭厂上班，收入竟然能成倍增加，于是"弃田就贾"之风大盛，以至于"京师土阔人稀"。偌大的北京周边，"编民百无一二"，竟找不到几个好好种地的农民。若干年后流民四起，中原大乱的景象，其实在当时弃田的农民身上就可以看出苗头。

45. 古人怎么领工资

前面说过,古代的官吏大多都是靠自己的俸禄来养家糊口。有些官吏的俸禄晚发一天,都有可能导致全家挨饿。南宋孝宗乾道八年(1172年),大诗人陆游即将卸任夔州通判,他动用满腹才情,给当朝丞相虞允文写了封"深情告白信":信中除了描述时年48岁的自己家人口多负担重,儿子年过三十都没钱结婚的窘境外,还感慨全家"一日禄不继则不策矣"。也就是说,如果自己的俸禄不能按时到账,老陆家连锅都要揭不开了。

在号称"优待文官"的南宋,陆游担任的又是通判(掌管地方水利、农田、粮运)这样的肥差,财政状况尚且窘迫到这种地步,可见对于古代大多数官员来说,俸禄能不能按时到手,确实是桩关乎养家糊口的大事。

那么问题来了,中国历代王朝版图广大,从中央到地方各级官员成千上万。比如陆游所在的南宋王朝,别看只剩残山剩水,官员数量尚有四万人之多。数量如此庞大的官员群体,人人都要按时领工资,粗列下账目就能把人看得头大。而且古代没有银行卡,直接转账是不可能的。发俸禄，是个说来简单其实麻烦，稍有差错就可能"官不聊生"的大事。可在古代科技条件有限的情况下，又怎么保证官员准时拿到俸禄呢？

01

要弄清这个问题，首先就要看看，古代官员的俸禄通常是发什么？

中国古代贵金属稀缺，白银成为法定货币的历史也不过四百多年。所以在两千多年的封建社会里，历代官员的俸禄形式也五花八门：西汉一开始只发钱，后来也发粮食，东汉确立了半钱半谷的制度；晋朝除了发钱发粮，还发米、绢等物件；唐宋元三朝更复杂，除了发钱、米、绢等硬通货外，还发茶、酒甚至饲料；明朝一开始发禄米，后来用禄米折钞、折绢，最后改为折银，之后直到清末，主要都是发白银。

这么多名目繁多的俸禄，怎么保证准时发到官员手里呢？一种延续了多个朝代的方式，就是职田制度。即官员按照品级划拨农田，对农田有使用权，农田的部分租税收益作为发给官员的俸禄。

在南北朝年间，北魏一度没有其他俸禄，官员们都是按照品级分配职田，县令可以分到6顷，刺史可以分到15顷，拥有职田的官员们，还得每年给国家缴纳田赋。

在唐宋年间，官员们的职田收入看上去也非常优厚。特别是在宋朝，五品级别的地方官，就可以享受10顷职田。但对于更多的基层官员来说，这项福利却如镜花水月。宋朝如陆游这种级别的地方官，只能享受2顷多的职田，而且一旦在边远地区做官，限于当地的农业生产水平，职田收入更是少得可怜，有时几乎等于没有，所以陆游才会在书信里凄然哀叹。

明太祖朱元璋建立明朝后，职田制度被彻底废除。

02

除了职田外，古代官员的俸禄，还包括官俸、岁禄等项目，发放方式也各不相同。汉朝的官俸有俸钱、俸米，都是按月发放。隋朝的官俸包括钱、米、绢等物，每年春秋两季发放。唐朝官俸里的岁俸是粮食，按年发放，月俸是钱，按月发放。宋朝的月俸除了"基本工资"外，还有职钱、料钱、茶钱等各种补贴，看上去特别诱人。所有这些俸禄，都是官员从中央或地方府库按时领取。

但实际上，即便是俸禄诱人的宋朝，也并非所有官员都能拿到这么多的"工资"。像被陆游"深情表白"的南宋丞相虞允文，每月月俸一百贯钱以上，还有料钱四百贯，外加各种名目繁多的补贴，俸禄是比较诱人的。但基层的县令每月月俸只有十贯钱，要知道，宋朝皇宫御膳房里的一只螃蟹，价格就在十贯以上。到了南宋尤其惨，南宋铜钱稀缺，市场上的铜钱只有北宋的十分之一，其他都是纸币充数，底层官员工资又没怎么涨，日子也就更难过，如陆游一样，基本都是"月光族"。

03

常被吐槽"官员工资低"的明朝，工资发放方式和唐宋元一样，也都是按月发放。明朝前期，江南的官员往往都是拿着俸贴去南京领禄米，然后再折换银两。这样不但路程辛苦，而且受米价波动影响，拿到手的钱也常常缩水。后来巡抚周忱改革制度，命令官田租户折银交租，然后直接给官员兑换，这才"民出甚少，而官俸常足"。

明朝官员的"到手工资"有多少呢？明初是以"石"为单位发放禄米，从九品官员每年可以拿到50石，相当于当时江南一个中小地主家庭一年的收入。如果真的都发禄米，在明初其实并不算低，但明朝有折俸制度，官员的禄米常被部分折成纸钞、苏木、胡椒等物，收入就打了折扣。明朝中后期，官员俸禄改用白银支付，从一品官员拿到手的折银俸，每年也只有二百二十七两，单看这个确实是很低的。

不过，明朝官员虽然工资低，却有很多朝代难以企及的"优免"福利，比如可以减免大量赋税徭役。凭着这个"免役"特权，他们可以大肆侵吞扩张土地，所以诸多表面领着"低工资"的明朝官员，家中不知不觉就良田成片。

明末大画家董其昌，作为一名退休官员，只用四分之一的价钱，就买到了十万亩良田。正是这样土地高度集中的畸形状态，引发了断送明朝的明末农民大起义。

04

清朝的俸禄制度基本沿用明朝后期，发放方式也类似。清朝的法定俸禄里，即使二品大员，一年俸禄也不过一百五十两白银。雍正年间为了养廉，又发放养廉银。但封建制度发展到清朝，已经严重僵化腐朽，官员们捞钱的门路极多，因此清朝立国一个多世纪后，上下就陋规丛生。以官员"非法收入"来说，嘉庆年间，直隶布政司的一个书吏只靠做假章，前后就加收了二十八万两白银，全被几个衙门的小吏分光。

  这在清朝官场上，还只是寻常操作。据《道咸宦海见闻录》记载，一个陕西粮道每年仅一次"浮收"，就能从老百姓手里多收六万两白银，几乎全装进私人腰包。当地官员的生活也格外"幸福"，仅陕西粮道任上，每年给西安将军就要"三节两寿礼"，每次白银八百两以上，另外逢年过节，各级衙门都有"孝敬"。粮道衙门的饮宴，更是每月都有"大宴"，每天都有小应酬，顿顿"燕窝烧烤各菜"，基本是躺着就有钱拿，坐着就有饭吃——当然不白吃，他们每年进京活动，上下打点也要花掉一万七千多两。

  这样的场面，也是鸦片战争之前大清官场生态的写照，整个大清官场，堪称进入了"最幸福"的时代，当然，马上也要陷入落后挨打的无奈——单看这一幕幕"幸福"就知道，大清挨揍，真不仅仅是枪炮技术差的事儿。

46. 古人有年终奖吗

古代官吏除了前面提到的俸禄收入，年底是否还有年终奖呢？

答案是：有。古代的年终奖一般是由朝廷统一发放的，根据官员级别的不同，拿到年终奖的多少自然也就不一样，甚至连领取的方法也是不一样的。

若是以现代的定义来衡量，历史上最早的年终奖发放可以追溯到秦汉时期。

01 秦朝：最环保的年终奖

秦朝朝廷重臣的年终奖情况如何，文献上没有确切的记载，但我们可以知道那时基层官吏是如何为自己积攒年终奖的。

秦朝的公文书信传递系统十分发达。一年之中，中央与地方或地方与地方之间的往来文书络绎不绝。那时，文书主要写在竹简上，为了保密，也为了避免竹简损坏，在文书传递时，人们一般会在竹简外面套上一个由麻布或丝绸做成的袋子，类似于现在的公文袋。

文书送达后，这种公文袋就没有了作用，于是，大大小小的官府每年都会积攒不少个这样的公文袋。年末，官府会派人将这些公文袋拿到市场上去售卖，卖来的钱就可以充作基层官吏的年终奖了。

用这种方法获取年终奖是不是既廉洁又环保呢？

02　东汉：最豪气的年终奖

年终奖形成一种相对固定的制度，最早是在东汉时期。

东汉的年终奖叫作"腊赐"。每到年末腊月，皇帝就会给大臣们派发年终奖。发多少呢？据《汉官仪》记载，大将军、三公，发钱20万、牛肉200斤、粳米200斛；特进、侯，发钱15万；卿发钱10万；校尉发钱5万；尚书发钱3万；侍中、将、大夫发钱2万；千石、六百石发钱7000；虎贲郎、羽林郎发钱3000。

这份年终奖究竟有多豪气？据记载，当时的三公和大将军的月俸约17500钱，20万钱相当于他们一年的工资了！按照生产力发展水平来算，汉朝的20万钱相当于现在的10万元人民币。你是不是很羡慕呢？

03　宋朝：最小气的年终奖

年终奖发展到宋朝后，却变得小气起来。

宋朝给丞相、枢密使等高级官员发的年终奖是：5只羊、5石面、2石米、2坛黄酒。

其实，宋朝朝廷虽然在发年终奖上略显小气，可是对于官员的工资发放却很豪气。

宋朝对官员，特别是对文官，是十分优待的，可称得上是"恩逮于百官者惟恐不足"。这种优待体现在日常的福利待遇和每月的月俸上，宋朝官员的俸禄和补贴名目繁多，有正俸、禄粟、职钱、公用钱、职田、茶汤钱、给卷（差旅费）、厨料、薪炭等。可以肯定，宋朝的高工资水平是毋庸置疑的。

04 清朝：最神秘的年终奖

清朝的年终奖是最神秘的。为什么这么说呢？因为皇帝会把所赏之物装在荷包里赐给大臣们。"岁暮时诸王公大臣皆有赐予，御前大臣皆赐'岁岁平安'荷包"，这在乾嘉时期已经成为定制。

当然，清朝的年终奖并不只有荷包，按照官员的不同品级相应还会有一些不同的赏赐。据记载，皇帝赐给蒙古亲王的荷包不止一个，大荷包里装有各色玉石八宝，四对小荷包里装有金银八宝，另有一个小荷包，装有金银钱和金银锞各四枚。看来清朝的官员不仅可以收到丰厚的年终奖，还能享受拆包裹的喜悦。

47. 古代为什么要抑商扶农

中国历代王朝的经济政策里，抑商扶农几乎都是要坚决执行的国策，有时甚至到了重农抑商的地步。但如果就此断定中国古人不懂商品经济，甚至不懂钱的好，那才是严重地不懂历史。

事实上，再抑商的统治者，也很懂钱的好。哪怕抑商最严厉的时代，政府对商业的扶持政策，也是从来不会少的。

比如在重农抑商的西汉，到了经济逐渐稳定的汉惠帝年间，就"弛商贾之律"，"弛山泽之禁"，然后汉朝就出现了"今法律贱商人，商人已富贵矣"的怪现象，和"文景之治"的治国成就。

就连公认讨厌商人的明太祖朱元璋，也曾多次降低商业税，为穷困商人提供"假贷钱谷"的支持，甚至不惜斥巨资为商人建造"榻房"，给合法纳税的商人提供免费的住宿、仓储服务。

商业发展对于国民经济的意义，皇帝心里"门儿清"。

那为什么还要采取严厉的抑商扶农甚至重农抑商国策呢？

01

首先,对于历代封建王朝来说,特别是在开国百废待兴的时候,最重要的物资,就是粮食。古代科技生产条件有限,作为"刚需"的粮食一直都无比珍贵。历代的货币变了又变,铁钱、铜钱、银钱、锡钱都有,个别年月连纸壳、泥壳都曾当钱用。而粮食一直都是硬通货,前面我们说过,就连历代官员的工资制定与发放,都常以粮食为定价和支付手段。

受生产水平限制,在古代,粮食增产非常难实现,如电影《大明劫》所说:"什么是人心,人心就是粮食。"对于历代王朝,想要国家长治久安繁荣,首先就是要手里有粮。赶上王朝初建,再苦再难也要扶农。

而在古代,特别是因饥荒、战乱而百废待兴的年月里,囤积居奇的商人,正是农业生产的大敌。利益的驱使下,商人往往会哄抬粮价,与封建王朝争抢宝贵的粮食资源。

在商品经济发达的宋朝,北宋中期的浙中灾荒里,就出现了"商贾争粟,富家闭粜"的闹剧。富商们断绝粮食销售,关起门来等涨价,"官仓无粮"的北宋王朝只能眼睁睁干看。结果一场饥荒,导致"米斗二百,人死大半"。这还是在大宋号称"太平盛世"的年月里。到了北宋末年金兵南下时,汴京豪商趁机大发国难财,一斗米涨到了近两千钱,给接下来的"靖康之耻"着实加了一把火。

触目惊心的教训,自然也叫历代王朝警醒。对于商人的打压防范,也就成了常态。

历代王朝要繁荣兴旺，首要的突破口，就是农业的发展。比如北宋真正成为"富宋"，就是从宋真宗年间不遗余力地开展农业改革开始。而一生以铁腕手段治国的明太祖朱元璋，也通过各类强硬的国策，令明朝田亩突破八百万顷，岁粮收入突破三千万石，是宋元时代的两倍。"宇内富庶"的景象，撑起了大明辉煌盛世。农业有多重要，也就一目了然。

02

而第二个原因也同样重要。对于古代封建王朝来说，把农民牢牢拴在土地上，才是王朝安全的基石。历代封建王朝，都是以小农经济为主，这一方面要靠充足粮食来支撑，另一方面，也要靠足够的自耕农来耕种。自耕农的数量越多，王朝的生产运转才越稳定。

而商业往往是农业生产的大敌。汉朝晁错抨击说，商人"男不耕耘，女不蚕织"，却凭着丰厚的利润和一本万利的盈利方式，一面"牟农夫之利"，一面"乘上所急，所买必倍"，也就是一边兼并土地，一边和农业争夺劳动力，实在是巨大威胁。

对这个威胁，早在春秋战国时，诸子百家就曾口诛笔伐。毕竟如前文所说，农业增点产太难了，而商业盈利太快。在农业不发达的社会里，一旦发达的商业导致大量人口流失，必然会让统治者肉疼。战国学者荀子就认为"工商众则国贫"，汉朝贾谊更疾呼商业发达是"天下之大残也"。从那时起，"省商贾，重农夫"就成了历代王朝重农抑商的重要论据。

并且，对于封建王朝来说，这可不光是抢点劳动力的事儿。大量"流民"的出现，往往成为封建王朝大乱的导火索。明太祖朱元璋对待"流民"的态度就说明了这点。洪武三年（1370年），他就下令强制苏松嘉湖杭五郡流民就地垦荒种田。二十年后，他更对太原三百户流民采取了奇葩处理决定：如果他们种田，就让他们就地落户；如果他们做买卖，就地逮捕治罪。参考明朝之前的流民起义，还有明末的农民起义，就知道朱元璋是在担心什么了。历代王朝重农抑商，基本都来自这样的担忧。

03

不过，随着封建经济的发展，各个王朝也会调整政策，做出有利于商业发展的改革。

如果不变革呢？可以看看鸦片战争前的清朝。嘉庆皇帝就是重农思想的坚决拥护者，多次下诏书重农，且进行了禁矿等一系列改革，盼着能富国强兵。可此时的清朝，人口已经急剧膨胀，人多地少的局面早已是严重的社会病，龚自珍形容当时清朝"不农""不工"的游民"十之五六"。

清朝还有着重农思想，无视工商业的利益，造成的结果就是，鸦片战争前清朝社会极度贫困化，各地游民扎堆，盗贼遍地。

道光年间的广东学政戴熙，形容当时"盗贼蜂起，民不聊生"，名臣黄爵滋更哀叹"灾黎可悯也，荒岁可惧也"。

48. 古人怎样做广告

前面说到,虽然古代统治者抑商扶农,但商业依然是社会经济活动的主力,也是人们日常生活中不可或缺的物品交换保障。在古代,商家也需要考虑如何做广告来吸引更多顾客。

现代职场有一份经常需要"头脑风暴"的工作,就是设计广告。有时,就连几个字的广告都要绞尽脑汁想主意,一个字一个字地雕琢。一个精彩广告背后,多少辛酸泪在其中。

在资讯传媒业如此发达的现代社会,广告的诞生都如此难,在资讯不发达的古代呢?

实际上,古代有很多不服输的"广告人",即使在落后的传播条件下,依然能以独家的创意,漂亮地打响品牌。

01 海报与吆喝一样重要

其实,"广告"一词在拉丁文里,原本就是"大喊大叫"的意思。毕竟在古代信息条件下,想要打响品牌,少不得大喊大叫。

清朝的《燕京岁时记》把北京城每个月的吆喝声,竟都做了分类：二月的时候，北京街头主要沿街叫卖鸡鸭；到了五月上旬，满街又变叫卖玉米，下旬变叫卖甜瓜。只要听听北京街上的吆喝声，就能知道现在是几月份。

当时北京商贩的吆喝声，也绝不是简单粗暴地吆喝产品。比如每年正月时，北京小贩沿街叫卖礼花烟火，叫卖声就朗朗上口："滴滴金，梨花香，买到家中哄姑娘。"这些生动活泼的民谣能流传好些年。

不过，千万别以为打响品牌就只能靠吆喝。宋朝时的商家就已经明白，想要叫得响，还要靠海报。

北宋年间的济南刘家功夫针铺，就做出了这个"历史突破"：他们做了一块四寸的雕刻铜版，中心刻有针铺"白兔捣药图"的商标，外加广告语"收买上等钢条，造功夫细针，不误宅院使用……"，是为中国古代史上最早的印刷广告实物。

02 打造独家商标

其实，商品经济发达的宋朝，真正让各路商家绞尽脑汁的，是各自的独家商标。

据《梦粱录》记载，北宋就连靴子铺都十分讲究"商标意识"，每当卖出一双靴子，靴子的衬子里就要塞一张纸条，写明该靴子是由哪个工匠在何时制造。这种商标意识有时还能方便破案。宋朝话本《勘皮靴单证二郎神》里，大反派穿的皮靴里有写着"铺户任一郎造"的字条，而这靴匠任一郎，每次卖出靴子，都要让客户在"坐簿"里登记。靴子里的字条与靴匠的坐簿相对照，才让身份神秘的大反派落了网。

在日常的商业生活里，宋朝成功的商标更是强大的促销手段。就以汴京城发达的餐饮业来说，知名的餐饮品牌挨个数：段家熬物、九曲子周家、梅花鹅肉、草婆婆肉饼、五楼山洞梅花包子，清一色以名字命名商标，吃的就是品牌。张择端的《清明上河图》里，街头的店铺商标一溜排开，十分生动。

要把名字树立成商标，除了要有真手艺外，也要有正确的营销模式，《清异录》里的北宋小吃名家张手美就是典型。这位张老板，不但烹饪手艺特别高，营销上更是不走寻常路，他店铺里的菜肴讲究按时令专供：元日卖坛肉，元宵节卖油画明珠油饭（盖浇饭），端午节卖如意圆，重阳节卖米锦糕。就这样，全年按节令出品菜肴，成功培养出顾客的消费习惯，每到节日店里就生意火爆，供不应求。

一个火热的商标，究竟能火爆到什么地步呢？宋话本《志诚张主管》里，主角张胜年轻时穷困潦倒，母亲把父亲生前留下的"花栲栲儿"竹器给他，叫他开店时把这竹器支在门口，结果生意骤然火爆，原来这"花栲栲儿"，就是父亲多年前留下的品牌。好品牌的效应，在古代就是这么经得起时间考验。

03 名人躺着来代言

名人代言的效果，古代的商家们也是早就深有体会。不过古代的名人很少能收到天价代言费，更多的时候是"躺着来代言"，典型的就是北宋画家李成。

李成是五代至宋初的大画家，在北宋的画坛上一度是泰斗级别的人物。北宋年间，汴京的宋家生药铺，重金访得李成的名画后在药铺墙壁上来回挂了个遍，果然引得各路文士纷纷围观，药店生意大火。

就连北宋以前的名人，宋朝的商家们也很会蹭热度。根据宋朝许多话本小说甚至文人笔记的记载，在宋朝汴京的酒楼墙壁上，唐朝诗仙李白和魏晋竹林七贤之一的刘伶，都是"熟脸"。只要是上档次的酒店，基本都会在墙上画满他们的画像，尤其是李白各种放荡不羁爱自由的模样，更是在酒楼的窗户边"霸屏"，一直给大宋美酒代言。

到了元朝时，商家们的思路更开阔，大家对魏晋和唐朝人物都有点审美疲劳了，战国的名人来几个？大都"酒槽坊"的门口，就挂满了战国四公子的画像，春申君、孟尝君、信陵君、平原君一字排开，另外还有隆重的车队马匹画像，根据《析津志》记载，引得观众围观，几乎把路都堵住。

04　文化产业也营销

古代的广告不只局限在餐饮、手工业等行当，越发繁荣的文化产业里照样少不了优雅的好广告。

根据记载，元杂剧中的名剧《逞风流王焕百花亭》里，水果小贩的一大套唱词，随着演出的火爆，也跟着火热了，甚至一度成了元朝大都小贩的吆喝模板。

在营销方面，宋元时期文化产业的商家也是十分拼。比如编书环节，宋元时期就已经有了版面广告，公元1336年出版的《元诗》上，就附有"李氏建安书堂"的征诗广告，广告词也写得十分优雅："倘有佳章，毋惜附示，庶无沧海遗珠之叹云。"只此一句，就得让多少应征者心潮澎湃。

明清年间的广告就更加高调了。根据张岱《陶庵梦忆》记载，明朝的大型戏曲演出，动辄就有上万观众，各路商家也纷纷出动，有的送赠品，有的送礼贴，争着蹭热度。在漕运发达的临清，商家更是给戏班砸钱，老板亲自"买"个角色，年节演出时出来秀一把，效果十分不错。

就连低调的图书出版业，在明朝时也出现了一种高调的广告模式——书船。这是一种诞生于明初的船舶，起初用于售书，之后的业务就越来越火，常年往返于藏书家与刻书家之间，一边推广图书，一边高调收购文稿。这种特色船舶，本身就成了书籍的活广告，只要"书船"上有的图书，必为当时火爆名作。多少明清年间曾经冷落一时的图书，就是搭上"书船"，从此骤然畅销。

49. 古人怎么做促销

上一篇中，我们讲到了古代商家是如何做广告的。和现代商家一样，除了常规广告以外，古代商家也还有各种别出心裁的另类促销手段。

其实，现代商家"双十一"使用的各种促销手段，古人也试过。我们来盘点一下，古人都有哪些促销手段。

01 专家鉴定

早在春秋战国时期，人们就已学会利用专家鉴定来提高商品价格。

据《战国策·燕策二》记载，有个人要出卖骏马，可他接连三天待在集市上吆喝，没有人理睬。

于是，这人便去见相马的专家伯乐。他对伯乐说："我有匹好马要卖掉它，接连三天在集市上，都没有人来过问。希望您能帮帮忙，去看看我的马，绕着我的马转几圈，临走时再回过头去看它一眼，我愿意奉送给你一天的花费。"

伯乐接受了这个请求，就去绕着马儿转几圈，看了一眼，临走时又回过头去再看了一眼。结果，这匹马的价钱立刻暴涨了十倍。

可见，专家鉴定对于商品促销来说，着实能有很好的效果。

02　美女销售

汉朝时，商家们已经学会利用美女销售商品来吸引顾客的眼球，以此作为促销手段，提高商品出售量。

卓文君和司马相如私奔后，便开了一间小酒馆，刚开始司马相如负责卖酒，生意惨淡。

迫于无奈，卓文君只好亲自出面卖酒，凭借着卓文君的美貌，没过几天生意就火了，司马相如只能去后面洗盘子。所以才有了"文君当垆，相如涤器"的典故。

如今，男人占女人便宜被称为"吃豆腐"，这种说法也正是源于汉朝时的美女销售。

当时，长安街上有家夫妻开的豆腐店，老板娘生得漂亮，风情万种，人称"豆腐西施"，顾客经常以吃豆腐为名到豆腐店与老板娘调情，趁付铜板时摸摸老板娘的纤手。后来，"吃豆腐"便成了男人轻薄女人的代名词。

03　明星同款

现在的粉丝对"明星同款"喜欢得不得了，只要能买到和自家偶像同款的东西，就是人生一大快事。

其实，明星同款并不是现代才有的销售现象。最早的明星同款在东晋就已经出现。

公元383年，北方的统一政权前秦，向南方东晋发起战争，但在淝水被谢安指挥的晋军打败，淝水之战也成为中国历史上以少胜多的典型战例。

此战让谢安一夜走红。走红之后的谢安主动帮助商家打造爆款蒲扇，不管天冷天热，他手里都拿一把蒲扇。这让商家蒲扇的销量和价格都翻了好几倍，可谓风靡一时。

04 商业软文

现代的商业软文对于商品销售很重要，无论是广告语还是宣传语，都对销售起着重要的作用，而最早的商业软文在唐朝时就已经出现了。

诗仙李白嗜酒如命，曾经写过"三百六十日，日日醉如泥"的诗句，而作为大诗人，他对唐朝酒的销量做出了很大的贡献，"兰陵美酒郁金香，玉碗盛来琥珀光"这两句诗就是他为兰陵美酒写的软文。

而软文写得最好的，当数宋朝大词人苏东坡。"黄州好猪肉，价贱如泥土。贵者不肯吃，贫者不解煮，早晨起来打两碗，饱得自家君莫管"，他这首《猪肉颂》，把当时基本没人吃的猪肉的价格和销量都提了上去，可以说是极大拉动了宋朝整个猪肉行业的发展。

05 主题促销

今天我们会遇到各种各样的主题促销，像节日促销、感恩回馈等，而这一手段在宋朝时就已经被广大商人所运用了。

当时，每年在新酒上市之前，汴梁的所有酒家都会联合举办品酒大会，不仅让消费者免费试喝各种美酒，还会请当红名伎来进行商业表演。

作为消费者，尝了美酒，看了演出，怎么好意思不买几斤酒回去呢？

06　限量销售

如今，各大品牌都会推出限量款，价格虽然昂贵，但不愁卖不出去，可以说很吃香，而这一模式其实最早源于清朝。

当时，有一个叫林尚沃的朝鲜商人，带着两千五百斤朝鲜人参来到北京。由于他的出售价格比别家贵，所以当地药商联合起来不买他的人参，准备压一压价再买。

但是让他们没想到的是，林尚沃做出了一个惊人的决定：他竟然点火烧人参。当地药商闻讯赶到时，人参已经被烧了一半。商人们只好以高价买下未被烧毁的人参。

林尚沃的这种做法，直接把人参的价格提高了一倍多，并且当场就卖光了。不得不说，古人的促销手段比起现代商人，可以说毫不逊色。

七　治安篇

管子曰：君臣上下贵贱皆从法，此谓为大治。自古以来，法律都是保障社会稳定的强有力的手段。

50. 古人怎么处理杀人案件

在司法机关接手的案件中,杀人案怕是最严重的一类案件了。在古代,杀人案件一般都是怎么处理的呢?

01

在古装剧特别是武侠片里,打打杀杀的场面很常见,人们仿佛一言不合就要"做个了断"。但在真实的历史上,古代杀人真这么容易吗?关于这个问题,一辈子杀人不眨眼的永乐皇帝朱棣,就能来个"现身说法"。

对从靖难之役的尸山血海中抢来皇位的朱棣来说,杀人是家常便饭的事。登基伊始的"瓜蔓抄""诛十族"暴行,叫后世多少读史者直打哆嗦。可等坐稳皇位后,曾经"杀人很随便"的朱棣却发现,这事不能"随便"了。

朱棣晚年,有个官员触怒了他,朱棣当场要处死他,谁知刑科给事中却硬生生抗命说,这官员没犯死罪,不能杀。朱棣只好老老实实认错:"此朕一时之怒,过矣,其如律。"

曾经想杀就杀的朱棣，为什么突然"老实"了呢？因为在经过了登基早期的"大杀"后，朱棣就改革了明朝法律，确立了死刑"宁缓勿急"的原则。任何一桩死刑案件都要"五复奏"，即前后五次反复核查，确保不出冤案。

永乐六年（1408年）的一桩死刑案，经过朝廷多次复审，挽救了其中二十多名无辜者。如此原则下，就算皇帝本人也不能再随便杀人了——想要治理好天下，"人命关天"才是硬道理。

02

其实何止是朱棣，从汉至清，中国历代王朝对于命案的审核，是一朝比一朝严格。唐宋时死刑复核制度就已成熟。明朝厉行"五复奏"后，又定下了"朝审"制度，即每年秋天统一复查案卷，清朝又演变成了"朝审"和"秋审"，不放过任何案件里的丝毫疑点。

判错案对于古代官员来说是绝不能碰的"高压线"。唐宋时，任何一件命案都要经办案子的大小官员全部签字，一旦出错，哪怕只是旁责，也要严惩。到了明清，就更加严格了。永乐二十一年（1423年）三月，御史王愈判错命案，导致误杀四名无辜之人。朱棣果断追责，依法将王愈等主审官员处死。

同样，在中国历代王朝的法律里，对杀人案都采取了零容忍的严惩态度。《唐律》里确立了杀人的七种类型，分别是谋杀、劫杀、故杀、斗杀、误杀、戏杀、过失杀。其中，劫杀定罪最重，只要是抢劫杀人，无论主犯从犯一律死刑。谋杀致人死亡，也要被判斩刑，甚至只要有"谋杀"动机，就要流放三年。

03

那么，在古代有没有杀人后合理合法免死的情况？当然也有，最常见的就是替亲人复仇杀人。特别是在宋朝法律里，为父母复仇属于"情重法轻""理有可悯"的范畴，办案官员可以将案件上报大理寺，运气好就能从轻判，比如宋神宗年间的王赟案。

青州百姓王赟为父报仇，杀死仇人祭祀父亲后，就主动向官府自首。宋神宗亲自复审后，认为"其情可悯"，就从轻发落，将王赟"刺配邻州"。类似案子通常都要由皇帝拍板，才有从轻免死的可能。

在古代，正当防卫的情况下杀人也可以免责，不过历代王朝对于"正当防卫"的界定十分严格。最常见的一种正当防卫情况，就是"诸夜无故入人家者"。即倘若有人在深夜里擅自闯入民宅行凶，民宅主人可以进行反抗，哪怕将闯入者杀死，也是"勿论"。但明清对此规定进行细化，明朝规定主人只有"登时杀死者"才无罪；清朝又增加补充条款，假如闯入者被房主抓住后又被房主打死，房主就要"杖一百"。

04

不过即使有了如此完备的法律，不同时期的执行力度也不同。在王朝衰落的时代，往往就会草菅人命。

鸦片战争前夕的道光年间，"视人命如草芥"的事情就很频发，比如在广东番禺的监狱里，犯人被折磨之后，往往就会被扔到"知遇亭"等死，当地官员也都视而不见。

许多县官，一旦遇到大案，就随便抓几个无辜者充数，拉进衙门严刑拷打。赶上抓盗匪的时候，常有无辜路人莫名其妙被抓进监狱里"吊拷刑讯"，州县习以为常，上司各官也不以为怪。仅道光二十五年（1845年）至二十六年（1846年），就查出了三十五起"错结之案"，大多数都是命案，这触目惊心的景象让道光皇帝也发出哀叹："是多设一官，百姓即多受一官之累。"

51. 古代如何防范冤假错案

如前面所说,在古代的动乱时期,命案的审理往往会出现冤假错案,导致很多无辜之人遭受刑罚。那么,古代是如何防范冤假错案的呢?

在古代的野史和戏曲里,最吸引观众的戏码,当数"青天平冤案",一火就是千百年。脍炙人口的唱词,唱尽了古代百姓对平反冤假错案的期盼。

但比起戏曲里的虐心剧情,真实的历史上,冤假错案比戏曲里还要复杂。古代破案技术有限,全靠办案人员劳心费力,循着蛛丝马迹艰苦追踪。外加古代行政管理乃至通信手段都严重落后,摊上没良心的刁官,里外勾结,做起假案自然更轻松。就算是戏曲里有"日审阳夜断阴"本领的包青天,放在真实历史上,恐怕也是忙不过来的。

不过幸运的是,中国历代王朝虽然缺少破案的技术,但从不缺少维护司法公正的态度。下面几个相关的制度,都确保了在漫长的古代史中,每一桩案子都尽可能得到公正判决。

01 乞鞫制度

乞鞫是中国古代一项有着悠久历史的制度。百姓被判刑后，若是对判决不服，可以提出申诉，请求重审，这就叫乞鞫。乞鞫最早源于周朝的路鼓，类似于后世的鸣冤鼓，有冤欲诉者可击鼓鸣冤，但这种制度真正形成还是在秦朝。

秦律规定，乞鞫可由本人发起，也可以由他人代为申请，但必须要等到判决以后才开始受理。汉朝基本上沿袭了秦朝的乞鞫制度，但又进而规定了乞鞫的时限为三个月，也就是说，只能在判决后的三个月内申请重审，逾时不受。

至于这个制度是否有用，可以看看秦朝的一桩案子。

秦王政登基那年的四月十一日，一个名叫讲的秦国刑徒向廷尉提起了申诉，要求重审本人涉及的盗牛案。讲在申诉中说，士伍毛诬陷自己与他合伙盗牛，最后主审此案的雍县县廷判处讲黥城旦①的刑罚，但事实上讲并没有盗牛。廷尉接到申诉后，立即重新阅读了此案的卷宗：

一日，士伍毛到市场卖牛，不知为何遭到亭长庆的怀疑，经过一番盘问后，亭长庆将毛扭送到官府。在令史的讯问下，毛承认了盗牛的事实，起初只说是自己一人所为，后来又供出了同伙讲，于是县廷当即派人拘捕了讲。讲自述说自己当时正在外地服役，不可能与毛一起盗牛。听到讲这么说，毛又改了口供，称两人在很早之前便商量一起盗牛，并说好在讲外出服役时由毛去偷盗并卖出去，

---

① 男子刺面筑城的劳役刑罚。

等回来再一起分钱。最后讲承认了与毛一起合谋盗牛,并被判处黥城旦的刑罚。

于是,廷尉对整个案件进行了重审,并提请了所有相关人员当庭对质。牛的主人证明这头牛性情温顺,仅凭一人便足以牵走;讲的父亲证明案发当天,他看到毛牵着一头黑母牛从城门口经过;而雇用讲服役的都魁的妻子也出庭证明,讲当时确实在咸阳服役。

在所有人陈述过后,讲终于说出了被雍县令史屈打成招的事实。与此同时,毛也告发了令史对自己滥用私刑,致使自己多次更改口供诬蔑讲一起盗牛。廷尉当庭验证了两人身上的伤后,更改了此案的判决。讲就这样通过申诉平反了。

这是一则记录在《张家山汉简》中的案例,也是当时"乞鞫"申诉制度执行的最好明证。

申诉和上诉制度是对个人而言的。此外,从整个国家层面上来说,古代还建立了逐级审转复审的制度,来保证司法审判的公平与公正。

02 接力复审

古代为了避免冤假错案的发生,或是保证在发生后能及时改正和平反,制定了相应的逐级复审制度。初级审判机关对于案情较严重的案件,只有审判权,没有定案权,他们必须向上级审判机关申报,予以复审。

逐级复审制度,起源于夏朝的"锡汝保极"。而在周朝时,就开始实行重大案件的三级审核制,一审为史、正,二审是司寇,终审为周王。到了秦汉,乡、里的诉讼案件由"秩"和"啬夫"受理,不能决断的案件要依次上呈县、郡、廷尉,甚至是皇帝。

隋唐时期的复审制度就比较完善了。唐朝的审判,一般分县、州、刑部和皇帝共四级,根据量刑轻重决定是否逐级申报复审。例如,杖刑以下的案件可由县自行定判;徒刑案件则要上报州来定判;更重的流刑和死刑,就必须逐级申报到刑部复审后,再奏皇帝裁决。虽说最后的生杀大权还是掌握在帝王手中,但皇帝也必须按律行事。而后世的复审制度大致沿袭了唐朝的套路。

清朝有一则案例,明确反映了复审制度严格的执行程序。嘉庆十五年(1810年)四月二十日,宝坻县(今天津市宝坻区)人倪文玉与梁宽争斗,争斗过程中倪文玉失手将梁宽打死。当日,梁宽家属便和乡保到县衙告状,县廷在完成勘验审讯后初判为"斗殴杀人,绞监候"并上报。

八月,倪文玉被押送至东路厅、直隶省臬司复审;十一月,直隶省总督审理此案后维持原判并上报给皇帝;嘉庆十六年(1811年)三月二十四日,三法司奉皇帝旨意维持原判;三月二十九日,最终判决倪文玉绞刑,秋后处决。后因故多次推迟了行刑日期,最后又减刑一等改为流放。

值得一提的是,这桩案子发生的年代,还是清朝腐败加剧的嘉庆年间,官官相护已成风气,治河漕运的公款都能分分钟被贪污干净。但就是这样一个吏治恶劣的年代,复审制度依然严格,依然可以保证每一个生命尽可能地得到尊重。

不得不承认,自古迄今,冤假错案的发生无法从根本上杜绝,但我们应该看到中国古代的统治者和司法者,为保障司法审判的公平所做出的努力,明德宽仁,慎刑恤罚。

52. 古代为什么要签字画押

在古代案件的审理过程中,常常会让犯人在供状上签字画押,买卖物品或者奴仆时也会要求签字画押。古代又没有指纹识别技术,签字画押到底有什么用?

01

首先需要强调一个常被人们误解的重要事实:其实中国古代很早就有指纹识别了。

虽然在近代刑侦司法领域,指纹识别技术的应用也就只有一百多年的时间,但早在1927年,德国学者海因德尔就在其著作《世界指纹史》里做出重要论断:中国是全世界最早发明并采用指纹识别技术的国家,第一位采用指纹鉴定技术的人,是中国唐朝学者贾公彦。早在公元9世纪中叶,阿拉伯人索拉曼的《大唐风情》里,就详细记录了唐朝商人"画指券"订立契约的场面。指纹识别技术在中国古代可谓历史悠久。

不过,如果把唐朝当作中国指纹识别技术的起点,这其实是有些小看古代中国人的智慧了。新石器时代的仰韶文化遗址出土的陶器上面，就有作为标记的指印。美国芝加哥菲尔德博物馆收藏的中国周朝泥印上，更清晰印着拇指印痕。"画押按指纹"这事，在中国至少有三千年以上的历史。

02

唐朝人应用指纹识别技术，更多还是"按手纹"，《周礼》的说法叫"下手书"，唐朝人叫"画指券"。也就是在订立契约的时候，签约甲、乙方及中间人，都要把手指在纸张上平放，画下食指上三条指节。这种证明方式，在唐朝契约里常叫"画指为信"。新疆吐鲁番阿斯塔纳地区出土的唐朝文书契约，包括借钱与购买的契约，都有这样鲜明的"画指券"。

和唐朝契约的"画指券"不同，同时期的吐蕃王朝，订立契约时喜欢直接按指纹。1964年，曾是吐蕃屯堡的新疆米兰古城，就出土了一份藏文版的契约文书。长27厘米的纸面上，有四个鲜明的手指印，其中一个手印，还可以看到清晰的指纹纹路。

当然，以古代的指纹识别技术，"画指券"以及按指纹，鉴别难度还是非常大。所以自宋朝起，"打手模"成了"画押"的主要方式。比如古典名著《水浒传》里，梁山好汉们遇到判案诉讼，基本都是"打个手模"。宋朝《山谷诗外集》形容说，宋朝江南买田置地一类的交易，基本都是打手模，也就是将整个手印按在契约上。明清时期的契约上，也常有"并本男（或本女）手印"的话，可见指纹识别已有强大的法律效力。

03

悠久的指纹识别技术，也令手印、指纹早早就成为中国古代刑侦的重要物证。湖北云梦县出土的秦简里就证实，秦朝时的断案侦查，要以"膝迹""手迹"作为侦破线索。元朝《牧庵集》里记载了一则经典的"指纹识别"案例：元朝辽东道按察使潘泽，通过对凶杀案现场指印的比对，终于成功推翻了原有判决，将险些被冤为杀人犯的无辜者救了回来。

中国古代指纹识别技术悠久，"指纹造假"的历史也同样悠久。《宋史》里就记载了这么一桩雷事：永新县龙家恶霸少爷诱使良民赌博欠下巨债，然后要挟事主偷出家中母亲的手印，伪造文书，霸占其田产。知县元绛却看出破绽：通常都是先写文书再按手印，这张文书上的文字却盖住了手印，分明就是有假。一声拍案怒喝，果然吓得龙少爷乖乖认罪。古代技术条件下，指纹识别这事，也确实需要火眼金睛的硬功夫。

不过，虽说指纹识别技术在中国古代是一道考验本事的难题，但它毕竟最大限度地避免了冤假错案。所以最迟从宋元时期起，案件审结之后，就有了"点指画字"的结案流程。一记简单的指纹手印，确实也多次令真凶落入法网，还无辜者清白。

04

近代国外最早启动这项救命技术的，还是1892年的"阿根廷谋杀亲子案"。警方通过指纹比对，戳穿了恶妇杀害亲子嫁祸他人的把戏。但德国学者海因德尔说，一直到20世纪20年代末，以指纹作为犯罪证据才逐渐被欧美国家所接受，比起中国，至少晚了数百年。

而国外对于指纹识别的应用，其实也深受古代中国的影响。唐朝时，日本也出台了"按食指指印为证"的法律。指纹识别的方式，在古代中国的影响下才陆续在各国扩散，催生了影响至今的指纹学。

53. 古代如何保护见义勇为

"见义勇为"的话题常常陷入舆论旋涡，本是英雄的见义勇为者，事后却常常被反咬一口。如何保护和鼓励见义勇为，维护见义勇为英雄的合法权益，是一个关乎社会道德与司法公信的严肃问题。

对这一严肃问题，中国几千年的古代史上，其实有经验可借鉴。

01

两宋文化发达，文豪更是数不胜数，其中，一位祖师爷级别的文豪证明了文人也能做拔刀相助的英雄，他就是柳开。

在宋朝散文发展史上，柳开是开天辟地般的人物，他质朴厚重的文风，洗尽唐末五代散文的浮华风格，堪称宋朝"古文运动"的鼻祖。"唐宋八大家"中宋朝的那几位，几乎都是循着柳开的道路前进的。

不过，与宋朝文人普遍的文弱形象不同的是，柳开高超的武艺，足以与其文学才华争辉。天资聪颖的柳开一生都醉心于剑术，练就一身精湛剑法。十三岁那年，柳开家里闹贼。强盗大模大样入院打劫，全家人吓得不敢动，却见柳开抄起剑就冲上去，几下就把强盗杀得狼狈逃窜。少年气盛的柳开，还不依不饶一顿狂追，活活砍下强盗的两根脚指头，从此成名，再没强盗敢上门。

如果说这番表现，还只是为保护家人做出的正当防卫，那么后来赶考路上的柳开，就把一派少年侠气展现得淋漓尽致。柳开半路投宿在一家馆驿，刚睡觉就听见有人号哭，原来当地有个恶人，竟强迫主人家把女儿许配给自己。柳开听后暴怒，设套把这恶人骗上门，一剑杀掉。杀了还不算，又把恶人尸首扔锅里炖汤。

事后，柳开不仅没有摊上官司，"炖恶人"的事迹反而成了柳大英雄的一段佳话，就连宋真宗都赞其"真豪杰之士也"，甚至给他保媒完婚。

如果说柳开的待遇有其"大师"身份的加成，那么明朝一位穷书生的遭遇，就更能体现古代王朝对见义勇为的态度。

02

许镪，明朝嘉靖九年（1530年）生，云南石屏县人。作为首辅高拱的爱徒，许镪的家世非常普通，学业也相对一般，在当时诸多学子里显得十分普通。

但这位看似普通的许镪，却有一副耿直的热心肠，平时说话办事就是个直筒子脾气，就连他那同样暴脾气的老师，都曾经被他气得直哆嗦。但谁家遇到了困难事，哪怕许镪自己吃不上饭，也要全力帮助别人。正是这仗义脾气，让他早年惹了大祸。

当时许锺刚考取秀才，闲来无事，跑到县里集市上逛了一圈，却正见有人欺行霸市。许锺上前劝架，不料恶人不依不饶，竟连许锺也一起打骂，这下可把许锺的暴脾气点燃了，立刻还起手来。虽说许锺的拳脚功夫比不上柳开，但胆色丝毫不逊，一番胡打乱踢，竟把恶人打断了气。

摊上人命官司的许锺不跑不躲，大大咧咧来到县衙自首，把县令都吓得不轻。一开始，县令还暗示许锺，说这事跟你没关系，你大好前程可不能因这恶人而毁，赶紧去躲几天吧。没想到许锺却直直地回了一句："生亲手杀人，如何教他人认罪得？"唏嘘不已的县令随后主动向两家说和，让许锺平安脱罪。不久后许锺科场登第，大好前途总算没耽搁。

许锺为官后，以清正廉洁著称。早年做地方官，在地方志里留下"真民之父母"的美誉，后来做御史更是"治绩卓异"。许锺打恶人的事，在当时流传甚广，无论官场还是民间，人们一说起这事就对许锺赞不绝口，这早年间的一时冲动，竟成了这位官员的光环。

03

其实，早在春秋战国时代，见义勇为的重要意义就已深入人心。比如孔夫子就曾有过类似经历："子路拯溺者，其人拜之以牛，子路受之，孔子喜曰：'鲁人必多拯溺者矣。'"见义勇为的模范意义，自古就这么强大。

所以，秦朝就有了关于见义勇为的法律条文，规定如果群众能主动帮助逮捕盗贼，不但会得到官府的奖励，甚至连盗贼身上的财物也归见义勇为的英雄所有，堪称名利双收。

　　类似的奖励措施，从秦汉到唐宋都有各类名目。唐宋时期的法律更是规定，倘若犯罪分子进行反抗，见义勇为者不但可以做出防卫措施，更有权将犯罪分子当场处决。十三岁的柳开敢提剑追杀强盗，就是有这法律武器撑腰。

　　到了明朝，见义勇为不但奖钱，更能奖官。据《大明令》规定，老百姓只要抓获强盗一名、窃贼两名，就能获得赏银二十两。抓获五名以上的强盗，领头的见义勇为英雄更会被授予官职。所以，纵然只是一名文弱书生，许镒依然敢于站出来见义勇为，他慨然自首的底气，也正是来自于国家法律对见义勇为的保护。

54.古人怎么管理流动人口

夜色下,一位黑衣男子挟着一股劲风闯入路边的客栈,敲打着桌子大声说道:"小二,住店。"店小二从昏睡中惊醒,一边揉着惺忪的睡眼,一边招呼道:"客官,请问您尊姓大名?"男子随口杜撰一个化名,随即成功入住。

这段剧情常常出现在武侠小说中。说来奇怪,难道古代住店不需要实名登记吗?还是说,店小二就这么好骗?

其实,假如我们真的穿越到古代,等待我们的,正是严格的身份审核制度。

01

古代虽然没有身份证,却有其他证明身份信息的信物。早在战国时期,身份审核制度便已初具雏形。《周礼·地官》上说"凡通达于天下者必有节",这里的"节"指的就是身份证明。如果是官员从事公务活动,就会持有"符节",一般的平民百姓,也会持有"照身贴"。

等到商鞅进行改革后，身份审核制度进一步加强。无论官商百姓，外出远行都必须带着"介绍信"。穿州过府的时候，会有专人检查证件，若是发现没有介绍信，城管不得放行，客栈不得收留，否则便会受到严惩。为了确保这项法令的效果，商鞅还详细规定了照身贴中需要包含当事人的画像和籍贯等信息。

不得不说，商鞅这项流动人口管理制度的确十分有效，毕竟等到他自己逃亡时，就因为拿不出"照身贴"而投宿无门。

02

元末明初之时的客栈，为了防止奸人混入，往往专门准备了用于记录住店旅客情况的店簿。需要旅客出示身份证明后，再进行实名制登记。大侠们哪怕用化名住进了店里，也躲不开官府核查客栈店簿的突击检查。

据摩洛哥人白图泰的游记介绍："路中各站，皆有逆旅可以息宿，有官吏专管之……天黑时管理官吏及其书记来舍，将留舍客人逐一点名记簿，盖印后关门，使客安睡。至次晨天明时，吏及书记复来，依名单唤客起，作一证书。"这样逐一对照店簿点名检查的方式，纵是武林高手也没辙。

03

不过，偌大的江湖，当然也有人能靠着化名纵横驰骋，比如金庸小说《越女剑》中的越国大夫范蠡。据《韩非子·说林上》记载："田成子去齐，走而之燕，鸱夷子皮负传而从"，这里的"鸱夷子皮"便是范蠡的化名，也就是说范蠡用了一个叫"传"的通行证，成功从越王勾践的眼皮底下溜了。

不过，像范蠡这样的天下能有几人？

普通人没有证明身份的信物，若是能够找到愿意为自己担保或是提供财产抵押的人，也可以无证住店。然而，古代通讯不便，在他乡一般很难及时联络到熟人担保。既没有身份证明，又没有人担保，按客栈"不下单客"的规定，即使有再多钱，也不会接待，当事人只得面对露宿街头的命运了。

在流动人口管理如此严格的古代社会，侠客们若真的能够靠着化名住店，想来必然是朋友遍天下，其中还不乏愿意提供财产抵押的土豪。由此看来，在武侠世界中，侠客们想要千里独行也是一个技术活啊。